그대는 늘 새롭으이

그대는 늘 새롭으이

맑은소리
맑은나라

이

책을

보는

이여,

그대는 이미 부처이어라.

여는 글

삶에 변화를 주기 위해 한적한 산야의 토굴 생활을 할 때다.

따뜻한 봄날, 산과 계곡은 싱그러운 자연의 정경을 그려주고 있어 나도 그에 화답이라도 하는 것이 이곳에 사는 도리가 아닐까 싶어 호미와 삽을 들고 조그만 텃밭으로 갔다.

나름대로 정성껏 밭을 판다, 호미로 밭고랑을 만든다, 법석을 떨고는 작년에 비닐에 담아두었던 상추와 쑥갓 씨앗을 잘 뿌려 흙을 살짝 덮고 나니 괜스레 가슴이 뿌듯해지는 것 같아 기분이 상당히 좋았다.

그런데 웬 걸, 며칠이 지난 텃밭에 이름 모를 잡초만 무성하게 나는 것이 아닌가?

'허, 그 참⋯. 상추와 쑥갓이 안 나오고 잡초만 나와?' 가만히 생각해 보니, 작년에 어떤 양반이 와서 이름 모를 잡초들이 몸에 좋다 길래 그 씨앗을 좀 받아 비닐에 싸두었던 생각이 났다. 그것을 상추와 쑥갓 씨앗인 줄 알고 뿌렸으니 "참 농사 잘 짓는다."라는 소리를 들어도 할 말 없었다.

그해 가을인가.

'고소'란 야채 있잖은가.

그것이 먹고 싶어 밭에다 고소 씨앗을 뿌렸다. 아니 그런데 보름이 지나도 싹이 나오질 않네. 물도 간간히 주었건만 왜 그런 거야? 고소야!

어떤 스님이 올라 왔길래 그 이야기를 했더니만 그 스님 왈 "고소를 맷돌에다 갈아서 뿌렸냐?"고 묻는다. "아니, 씨앗이 튼실하게 좋아 보이길래 그냥 뿌렸다."고 했다. "하이고, 고소는 갈아서 씨앗이 반으로 쪼개진 것을 뿌려야 싹이 잘 나오는 것을 모르고 있었구먼….'

이 소리를 듣고는 좋은 것을 깨달았다. '뿌린 대로 거둔다는 것을.'

상추를 뿌리면 상추가 나오고, 쑥갓을 뿌리면 쑥갓이 나오고, 고소를 안 갈고 뿌리면 안 나오고, 고소 씨앗을 잘 반으로 갈아 뿌리면 싹이 잘 나온다는 평범한 자연의 진리를 알고 나니 속이 후련해졌다.

도를 닦는 것도 마찬가지이다.

'이런 것이 도다.' 하면 그 만큼의 도를 깨닫고, '저런 것이 도다.' 하면 저 만큼의 도를 깨닫게 되는 것을 알았다.

수십 년 세월 수행 중에 지독한 상기병이 나서 온갖 부끄러운 짓을 한 때도 있었지만, 다행스럽게 바른 길로 들어서서 내가 해보고 싶은 불교의 수행법 모두 체험해 보았다.

이제는 내가 수행한 길을 알고자 하는 다른 분들과 함께 하고 싶어 몇 개의 장으로 분류하여 한 권의 책으로 엮었다. 못 그리는 그림이지만 그림도 직접 몇 점 그려 넣어서 조화가 되도록 했다.

이제껏 오랜 세월 동안 공부를 할 수 있게 도와주신 은사 고산스님, 문도 스님들, 제방 선원의 스님들, 신도분들, 인연 있는 모든 분들에게 두고두고 감사의 말씀을 전해드리고 싶다.

아무쪼록 이 책을 보시는 분들에게 일반인들도, 전문적으로 수행하는 분들도 자기 분수대로 자기에 맞는 부분을 골라 수행한다면 나름대로 도움이 되어 좋은 결실이 맺어지기를 공성(빈 마음)으로 기원 드린다.

저자 벽봉 손 모음

'막지를 말라
이전 그대로 안에 있으니
내보내려고도 하지 마라
이미
그 안에도 없으니'

'원상의 도리를
아는 날
새벽별이
환하게
그대를
비춰 주리라.'

선객의 삶을 일러 최상의 가치라고 누누이 말해 왔건만, 승려 된 이의 살림살이를 두고 무엇이 좋다, 덜 하다를 말 할 수 있으랴. 그저 불법을 익혀 수지하고 요익중생의 행을 펴는 일이라면 비길 데 없는 행복이지 무엇이겠는가.

추 천 사

.
.
.

수행의 등불이며 안내자인 수좌 벽봉

오대산의 여름이 유독 푸르다. 상원사 북대에서 바라보이는 설악의 준봉들과 오대산의 안온함은 내 앉은 자리를 웅변하는 듯 변화무쌍함을 연출한다.

지리한 장마철도 잊은 채 죽비를 들고 정진한 기억만이 오롯하건만 잠시 한 눈을 팔게 되면 많은 것은 천리쯤 도망쳐 있는 모양새이니, 여일한 한 생각이 얼마나 큰 결과를 갖고 오는지를 알 게 한다.

10 여 명이 정진하는 북대에서의 결제기간 동안, 방선때가 되면 찾아드는 작은 망상은 다름 아닌 결제 이전의 '과제'이었던 것이다. 오랜 내 도반 벽봉 수좌가 일생을 통틀어 출간하게 되는 수행일기와 선화집에 어울릴 만한 추천의 글을 만들어주지 못하고 결제에 든 까닭이다.

하여, 삭발일을 핑계 삼아 멀리 설악을 눈맞춤하며 도반을 위한 글을 잠시 쓴다.

수좌 벽봉은 언제나 한결같은 성정의 도반이었다. 긴 시간동안 도반이라는 이름으로, 그리고 선원장으로서 소임을 사는 동안에도 그의 행보는 흐트러짐이 없었고 한 치의 상에 끄달리는 법이 없었다.

더러는 산철을 이용하여 잠시 느슨해져 사는 모습도 보이건만 벽봉 수좌는 그렇게 순간을 사는 듯 여러 날을 정중하게 살아내는 모습이었다. 그런 그가 지난 늦봄 두툼하게 안고 온 화선지 뭉치와 원고는 같은 수좌로 살아온 내 궤적에 경고장을 던지는 것만 같았다.

선기가 느껴지고 살아 꿈틀대는 듯한 선어(禪語)에서 난 참 수행자의 면모를 다시금 발견했고, 붓을 들어 형상을 달리한 숱한 선화(禪畵)에서는 정진의 흔적들이 또렷했다. 흉내 내지 못할 수행의 결과물이며 깊은 쪽으로 향하는 수행의 여정이 농밀한 언어와 그림으로 감동을 자아내게 하고 있었다.

부처를 향해 나아가는 수행자들에게 부처의 참 모습을 안내하는 길잡이는 세상에 두루하다. 이는 교학으로 염불로 참선으로 그렇게 다양한 방편으로 내면의 목적지를 향해 탁마의 시간을 필요로 하는데 벽봉 수좌의 글과 그림은 삼매의 경지를 가늠케도 했으며 그 즈음의 근기를 너무도 다양한 필치로 표현하고 있었던 것이다.

그는 정리되지 않은 화선지를 내보이며 보잘 것 없는 공부를 흉내 냈노라 했지만, 결코 아니었다.

눈을 뜨고도 보지 못하는 것들을 그는 차분히 일러주고 있었고, 정확히 안내하고 있었다.

모름지기 한 철도 빠짐없이 정진의 고삐를 죄 온, 벽봉 수좌만의 수행 요지가 옷을 바꿔 연출하는 장면이었다. 흔치 않은 긍정의 변복이라고 해야 할까.

〈그대는 늘 새롭으이〉에는 무명에서 밝음을 향해 나아가는 요긴한 등불이 될 것이라 사료된다. 그리고 벽봉은 그 길에서의 친절한 안내자가 분명하다.

이판의 수좌 스님들과 사판의 행정 스님들, 그리고 재가 수행자 모두에게 고루 익힐 이 선 수행의 지침서를 꼭 권해주고 싶다.

2020년 경자년 하안거 중에 오대산 북대에서 영일 합장

차 례

제 3 장 2부. 깨달음의 노래

제 1 장

부처님
그대는 늘 새롭으이

부
처
란

태어나고
늙고
병들고
죽어감이 없는
고귀한 분이지.

부
처
란

찾으면
찾을 수 없지만
그대가 있는 곳이
어디가 되었든지 간에
그대가 숨쉬는
시간이
언제가 되었든지 간에
항상 그대와 함께
지낸다네.

부
처
란

모든 괴로움에서
벗어난 분이지.

부
처
란

항상
즐거움이
충만한 분이지.

부
처
란

무한한
행복이
그득한 분이지.

그래서
부처는
중생이 원하면
자기 자신을
통째로
다 내어드리지.

붓다
Buddha

이
책을

보는
이여,

그대는 이미 부처이어라.

제 2 장

1부. 깨달음의 노래
그대는 늘 새롭으이

그대는
늘 새롭으이

산은
사계절이 있어
변화의 몸으로
늘
새롭고

강물은
뒷물이 앞물을 밀어내면서
늘
새롭고

바다는
온갖 것을 가라앉히며
자신은
늘
새롭듯이

그대를
번뇌가 아무리 괴롭힌다 해도
그대의 성품은
물든 바가 없으니
늘
신선하고 새롭으이.

그대는
늘 자유롭다

하늘의 저 구름들은
온갖 모양을 다 지어내도
한번도
허공에 갇힌 바가 없어
늘 자유롭고

이름 모를 산새들의 아름다운 지저귐도
저 산들의 숲속에
한번도
갇힌 바가 없어
늘 자유롭고

졸졸 흘러가는
저 계곡의 물소리도
한번도
골짜기에 갇힌 바가 없어
늘 자유롭듯이

그대는
무수한 세월 속에
온갖 망상을 다 지어가며 살았어도
한번도
번뇌에 묶인 바가 없어
늘 자유롭다네.

그대는
늘 행복하다

계곡의 물이
바위에 부딪혀
사방으로 튀어 없어지는 줄 알았는데
저 밑에서는 무슨 일이 있었냐는 듯
조용히 흘러가면서
늘 행복해 하고

행자승이 어설프게 쳐대는 북소리에
놀란 새들이
후다닥 나무 위로 올라 숨어
들으란 듯이 지저대며
즐거워하는 저들은

저들 나름대로 행복해 하고

해가 서산 너머로 뉘엿뉘엿 넘어가는 저녁 무렵이
아쉬운 듯 하지만
아침이면 동녘 하늘에 정다운 해가 떠서
대지는 또 행복해 하듯이

그대는
아무리
바쁘게 살았어도
한번도
번뇌가 일어났다 꺼졌다 한 바가 없어
그대는 늘 행복하다네.

도

가까운 곳에
도가 없다면
저 먼 곳에도
도가 없으리.

편함

다른 이가 편해 보인다면
나에게도 편함이 있으리니

나는 누구고
그대는 누군가?

나는
잠자다가
불현듯
그대를 찾았다네.

나는
어제
숲속의 오솔길을 걷다
나무들 속에 삐죽 튀어나온
바위 한 녀석을 보고는
히죽이 웃으며
그대를 찾았다네.

절 마당에서
어떤 여인이
자기 아들을 부르니
아이가
"예" 하며 뛰어가는 모습을 보고는
나도 정겹게 그대를 찾았다네.

야속허이
지척에 있는 듯 하는 그대가
찾았다 하면 없으니
찾는 나는 누구고
알미운 그대는 누군고?

한 줌의
재

한 줌의 재는
한 줌의 인생

한 줌의 인생은
한 줌의 노래

한 줌의 노래는
한 줌의 행복

한 줌의 행복은
한 줌의 꿈

한 줌의 꿈은
한 줌의 재가 되어

모든 생명이 살아갈
토양을
비옥하게 만든다.

인생

이 순간의 한 점이
어느 새
무한대의 점으로 다가온다.

당황스러워
온 힘을 다해
우주 바깥으로 밀어내보려 하지만

그럴수록
더 많은 점이
그대를 에워싼다.

급기야
그대는 그대의 삶에
주인임을 포기하고
객이 되어 방랑한다.

하지만 禪師는
다시 점을 찍는다 해도
찍은 자국이 없어
다가오는 점들을
따스한 손으로 어루만져 준다네.

아름다운
山河

山河의 아래에는 봄이 화사한데
山河의 위는 소슬한 가을 기운이 흐르네.

山河의 아래에는 겨울 추위가
맹위를 떨치고 있는데
山河의 위는 여름이
무성한 치장을 하고 있네.

이렇듯
山河가 시간의 흐름을 잊어버리니
계절의 바뀜도
경계가 없어

오고감이 자유로워져

오늘도
山河에는
평화로운
아름다움이 기꺼이 춤을 춘다네.

바람

바람이 불어와
살며시
나의 뺨에
입맞춤을 한다.

나는
슬며시
눈을 감고
고향의 봄을 그려본다.

언제나

그윽한 위안을 주는

고향의 풋풋한 내음새를

맡을 수 있음은

바람이 불어온 덕

바람의 공덕은

무지 커서

나뿐만 아니라

모든 사람들의 기원과 기대를

싣고 오는 바람이 되어

저자거리로 나아간다.

그대

나는
그대를 보지만
본다고 말도 못하네
본다면
그대는 어느새 숨어버리니까.

나는
그대를 알지만
안다고도 못하네
안다면
그대는 버얼써 달아나버렸으니까.

나는
허구헌 날
그대와 정다운 춤을 추지만
그대를 생각할 수가 없네.
생각한다면
그대는 연기처럼 사라져 버릴테니까.

그렇지만
오늘도
나는
끔찍이도
그대를 사랑한다네.
그대가 없으면
나는 '나'가 아니니까.

동정일여
動靜一如

사물이

그러하듯이

그대 자신도

지금 이 순간에도

動靜一如함을 아는가?

부분과 전체

전체가

부분이 되기도 하고

부분이

전체가 되기도 하는 것을

그대는 아는가?

중력

지구가 자전하지 않으면
태양의 중력에 빨려
함몰되어
지구도 없어지고
우리도 살 수 없듯이

수행자는
어디에도
머무르면(집착) 안 된다네.
머무르면
나의 본성은
망상번뇌의 중력에 이끌려

본성의 청정함을
잃게 되니까.

거꾸로
어디에도
머무르지 않으면(집착하지 않으면)
본성의 중력에 의해
망상번뇌는 함몰되어
그 자취가 없어지고
본성의 청정함이 드러난다네.

미륵불

영축산
한 소나무 아래에
미륵불이 계시지,

만고풍상을 견디어
사람 손을 거지치 않고도
미륵불이 되셨지.
자연스럽게.

56억년이나 걸렸을까?
아니
왜 56억년 후에나
미륵불이 오신다 했을까?

저기
저렇게
미륵불이
이미
와 계신데.

석종사에서

석종(돌종)이 울리던 날
수행자의
마음의 문門이
화알짝
열리리라.

문^門

누군가에는
문^門이 필요하고
누군가에는
문^門이 없어도 된다네.

입문入門

세상은 공평한데
진리가
공평하지 못함을 알면
그는
이제
바야흐로
진정한
선禪의 입문자入門者이다.

우주 저 너머에

멀고 먼
그곳에
무엇이 있는지 모르듯이

나도
내가 누군지
모르더라.

나팔꽃

아침에 피었다가
하루도 못 가
그날 저녁에는
지고마는 나팔꽃이여!

그대가 있어
아쉬움이란 단어가
더욱
아름답게 느껴지니

보잘 것 없는
삶을 사는 것 같으나

그대는 진정으로
삶을 풍요롭게 만드는
꽃 마술사이어라.

스승

소나무에게 물어보면
소나무 앞
공든 탑의 가치를
언제나
알 수 있듯이

인생의 스승도
저 높고
멀리 있는 것 같으나

바로 그대 앞에
언제나
있음이어라….

간다

갈 곳도 없고
돌아갈 곳도 없는데
진작에
그러했건만
미련한 이 놈은
오늘도 가고 있네.

갈 곳도 없고
머물 곳도 더더욱 없건만
진즉에
그러했건만
미련한 이 놈은
오늘도 가고 있네.

장미꽃 한 송이

그대 마음

가득히 핀

장미꽃 한 송이

어찌

이리도

아름다울까?

그 아름다움이

어느 새

영원한 생명과 부활이 되어

삶의 지표를 잃어버린

메마른 인생의 낙오자에게

다시금 일어설 수 있는

크나큰

용기를 북돋아 주는구나!

공양

부처님께
다보탑을 공양 올리듯이
시방세계를 공양 올리듯이
나를
몽땅
부처님께
공양올릴진저

공양을 다 올린

텅 빈

그 자리에서

그대의 자성광명이

삼천대천세계를

비추고 있음이로다.

파리

한 마리 파리가
선원에 들어와 날아다닌다
"그대는 어디로부터 왔는가?"
파리는
"……."
묵묵부답이네
"그대가 그것을 안다면
그대는
파리가 아니지."

- 해남 대흥사 동국선원에서

만행

먼 듯
가까운 듯
오늘도
일없이 걷는다.

보일 듯 말 듯
그대의 진면목이여!
그대를 만나기 위해
오늘도
쉬임없이
헤매인다네!

휴게소

눈으로 사물을 보고

귀로 소리를 듣고

코로 냄새를 맡고

혀로 맛을 보고

몸으로 촉감을 느끼고

마음으로 모든 법을 상대하느라

정말로

수고가 많았다.

그대들 덕분에

내가 있었으니

너무 고마웁다.

이제는
나도 푹 쉬고 싶으니
그대들도
법계로 돌아가
편안히
푹 쉬려므나!

아리랑 고개

아리랑 아라리요
아리랑 고개를 넘어간다.
넘어 지나온 곳은 나의 과거요
어둡고
괴로움의 세계였지

고개에 올라서니
너무나 홀가분해서
춤을 안 출 수가 없네.

이제는

밝고도 밝은

세상을 만난다는 설렘에

발걸음이

한없이 가벼웁구나!

번뇌

팔만사천 번뇌가
나를 묶을 수는 있지만
그것은
허수아비를 묶은 것
나는
한번도
묶인 적이 없노라.

나는
들어가고 나옴에
항상 자유자재한지라
공 굴리 듯
번뇌를 이리저리 굴린다네.

삶

이 사바세계에서

어떤 이는 주인의 모습으로 살고

어떤 이는 객인 것처럼 살기도 한다.

어떤 이는 주인 노릇도 하다가

객 노릇도 하기도 하고

어떤 이는 주인도 객도 아닌

삶을 살기도 한다.

그대는

이 세상을

어떤 모습으로 살고 싶은가?

영웅

영웅은 그대가 영웅이다.

지금껏

모질게 살아온 자가 누군가?

자기 자신이 아닌가?

그러니

그대는 그 누구보다도 영웅이다

그 누구도

나의 삶을 살아주지 않는다.

아무리 힘들어도

나의 삶은

내가 살아야 한다.

그러니
그대는 그 누구보다도 영웅이다.
소시민이라 하면서
의기소침할 필요가 없다.

힘의 장사 헤라클래스도
두 발로
서 있었고
나도 두 발로 지구를 밟고 있다.
그 큰 지구를…
그러니 그대는 정말로 영웅이다.

무생無生 · 무주無住
무념無念 · 무상無相

일어난 것이 있다지만
이미 지나가버려 어디에도 있지 않다.
그래서 무생無生이고

일어난 바가 없기 때문에 아무리 무엇을 해도
어디에 住하는 바가 없고(無住)

머무는 바(住)가 없기 때문에
아무리 생각을 한다 해도 실체가 없다.
그래서 무념無念이다.

생각한 바가 없기 때문에
무슨 모양이 존재할 수가 없다.
그래서 무상無相이라 한다.

무생, 무주, 무념, 무상이 따로따로가 아니고
모두 하나로 돌아간다.
무생無生이면 무주, 무념, 무상이 되고,
무주無住면 무생, 무념, 무상이 되고,
무념無念이면 무생, 무주, 무상이 되고,
무상無相이면 무생, 무주, 무념이 되어
서로 소통을 이루어 질서를 지킨다.

김천 金泉

문수보살의
취모리검이
부끄러운 듯
볼그스러히 달아올라
황악산의 어둠을
소리 없이 깨운다.
이제
남자가 여자가 되고
여자가 남자가 된 듯하여
요란한 듯
바쁜 하루해가 가겠지만
그렇다 한들

예부터

김천金泉은

감천甘川이 있어

김천金泉이라고 한다지.

          - 김천 직지사에서

깨달음의 노래

이렇게
공부를 한답시고
돌아다닌 지가
수 십 년이나 되었던가?
'아!'
하는 순간
불현지간에
법의 고향에 들어왔네.

시절인연의 만남이

있었던 이 곳

영축산의 사계절

봄, 여름, 가을, 겨울이

일시에

부처님 진신사리탑에

공양 올리는 것을 보네.

　　　　　　　　　　　- 통도사 부처님 진신사리탑에서

분수

농부는
정성껏 농사를 짓고

장사꾼은
신용으로 장사를 하고

정치꾼은
온갖 술수로 정치를 하고

학자는 머리 싸매고 연구를 하듯이

도道 닦는 사람은
온몸을 다 바쳐
도道만 닦으면 될 뿐이지.

본성

옛날의
진정한 도인들이
아무 곳이나 돌아다니면서도
항상 마음이 편했던 것을
이제야
비로소 알게 되었노라.

그가 어디에 있건
무엇을 하건
거기에는 항상
자신의 본성이 있음을
알기 때문에

늘
마음이 편한 것이다.

다만
상황과 인연 따라
본성이 숨어 있기도 하고
나타나 있기도 한다는 것을 알면
마음이 불편해질 필요가 없는 것이다.

존재

아!
정말로
감사합니다.
이렇게
존재할 수 있음에!

고향

텅 빈
야밤에
너의 고향이
어디인지
자신에게
물어보게나!

번뇌

번뇌가 일어나거든
번뇌에 집착하지 말게나.
집착하면 괴롭게 되나니
맨발로 진흙밭에 들어가는 것과 같음이라.

법에는
한번도 번뇌가 일어난 적이 없거늘
어이하여
번뇌에 시달리는가?
번뇌가 일어나거든
주저 말고
번뇌의 뒤를 돌아보게나!

번뇌의 뒤에는

공성인 법이 있으니!

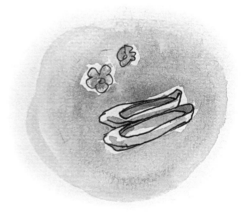

고향

마음 밭에
가을이 익어간다.
영그는 호박
풍성한 나의 마음
따뜻한 미소
저절로 피어나고
불어오는 잔잔한 바람이
영원한 안식처인
나의 고향을
아련한 듯
품안에
젖게 하네.

열반

생사가 있어 열반이 있고
열반이 있어 생사가 있으니
학이 날아오지 않는다고
소나무에게 책임을 묻지 마시게.

윤회

물레방아 돌 듯
윤회를 하지만
물레방아 돌 듯
열반을 찾아가네.

해탈

이 자리가
바로 해탈처인 것을.

해탈의 가슴
포근함에
살포시
잠이 오듯
편안함에
빠져든다.

절망

살아보면
막다른 길을 만나고
그 순간
죽음과도 같은 절망이 찾아오지만

원래부터
길이란 없었으니
절망이란
그대의
망상에 불과할 진저.

나

나는
누구길래
오늘도
여기를
이리 저리
헤매고 다니는가?

어부

어부여!
그물을 던져
무엇을 잡겠다는 건가?

고기를 잡는 것보다
나 자신을 잡는 것이
이
인생처에서
최대의 수확인 것을!

일출

해가 떠서
온 세상이 다 밝았는데
왜
나는
나에게
보이지를 않을까?

그대의 앞에
산하대지가
흔적도 없이
다 무너져내리면
그대의 본 모습을
반쯤은 볼 수 있으리라!

다리

무심코
다리를 건너가는 이여!
다리가
차안과 피안이 하나 되어
그대를 반기는데

그대는
오늘도
바쁘다.

바쁜 사람한테는
차안도 필요 없고
피안도 필요 없어
오직
목구멍에
풀칠하는 것이
더 중요할 뿐.

후회

남의 자리를 빼앗아
권세를 누린들
그 만족이 얼마나 오래갈까?

배고파 밥을 먹지만
그 밥이 맛있다면서
금방 또 먹을 수 있을까?

내 몸은 그런데
나의 마음은 그렇지 않아
만족해 할 줄을 모른다.

그대의 성품은

단 한 번도

어리석은 생각에 흔들린 바가 없는데

괜스레

이제 와서

후회를 하는고?

제 3 장

2부. 깨달음의 노래
그대는 늘 새롭으이

나고 죽음

나고 죽는 것이
크고 큰 일이지만

어린 아이가
허공에 뿌린
비눗방울과 같아라.

그대

보인다 하나
그는
이미
멀리 가버렸고

보이지 않는다 하나
그는
이미
와 있었네.

봉황의 눈

봉황의 눈은

누가 가지고 있는가?

공성의 미소가

그대 얼굴에

항상 함께 한다면

자연스레

그대의 눈이

봉황의 눈이 된다네.

돈키호테

생각의 그물을 던져
허공의 진면목을
잡으려 하다니
그대는
돈키호테.

이미 돈키호테가 되었다면
차라리
허공을 갈아서
말에게 먹이게나.

허공 1

산하대지가
다 무너져 내리고
허공에 굳게 박혀 있던
크나 큰 쐐기가
쑥
빠져 버리면
그 순간
허공의 진면목이 보일진저.

허공의 진면목은

그대와 우주의

본래면목인

공성이요,

연기요,

중도이어라.

※쐐기 : '허공이 허공이다'라고 보는 생각, 믿음, 집착을 말한다.

허공 2

누가
감히
허공을 잡아
허공 바깥으로
던져 버릴 수 있을까?
허공의 진면목은
잡을래야 잡을 수가 없는 데도
왜 그리
헛수고를 하는지 모르겠다.

허공 3

잡아먹으려면
허공을 잡아먹어라.
그러면
허공의 진면목이 보일진저.

마시려면
허공을 다 마셔버려라.
그러면
허공의 진면목이 보일진저.

춤과 노래를 하려면
허공을 붙잡아
함께 하라.
그러면
허공의 진면목이 보일진저.

- 공양 하면서

허공 4

허공에다
글을 쓴다.
마구 쓴다.
아무리 써도
허공에
글자가 남아있지 않네.

허공 5

허공과 말을 한다.
아무리
말을 많이 해도
허공에는
말한 흔적이 없네.

허공 6

허공과 같이
고민을 한다.
태산과 같은 많은 고민을
나누었건만
허공에는 고민이란
그림자조차 없네.

허공 7

허공과 함께
수많은 번민의 밤을
지새웠건만
허공에는
번민이란 단어조차도 없네.

허공 8

허공과 함께
차를 마신다.
차의 향기가
허공에
가득한가 했더니
중생이
다 마셔 버렸는지
허공에는
차의 향기조차 없네.

허공 9

허공과 같이
차를 마신다.
주거니 받거니
낮이 가고 밤이 지나니
나는 간 데 없고
허공이
혼자 차를 마신다.
주거니 받거니 하면서.

허공 10

허공과 같이 달린다.
수만 킬로
수만 시간을 달린다.
오늘도
그런데
어찌 된 일인지
허공은 달리는데
정작
나는 보이지를 않네.

허공 11

오늘도
나는 간다.
못 다한 볼일 보러

그런데
허공이 가고
나는 없네 그려.

허공 12

눈이 내린다.
사정없이
얼마나 퍼붓는지
하늘이 없어질 거 같다.

그러나
눈이 그친
온 세상에는
은색의 교향곡이 울려 퍼지고
푸르른 하늘은
맑고 청명하기가
어제에 비할 바가 아니네 그려.

生과 死

한 나무는 죽어서
다른 한 나무는 살아서
서로 엉겨 있으니
生과 死
묘한 조화로다.

삶만 있다면
죽음이 없을 테고
죽음만이 있다면
삶이 없을 테니
참으로 오묘절묘한
하모니로구나!

　　　- 통도사 부도탑군 뒤의 서로 엉긴 두 소나무를 보며

生과 死

죽음이란
산 자의 눈이요
느낌일 뿐이니
두려워 할 바가 아닐세.

죽은 고목나무에서
꽃이 피는 날이 온다면
이 사바세계는
더 이상
괴로움의 세상이
아닐 것이다.

- 월정사 전나무 숲길의 죽은
  고목나무를 보고

행복 1

언제나
모든 행복을
모든 이들에게
드리고 싶다.

내가 있어
이 세상이 존재하고
이 세상이 있어
나도 존재하니
이 세상에
산다는 것이
얼마나 행복한가?

그러하니

행복하고저 하는 이들에게

행복을 드리고저 함은

당연한 것 아닌가?

행복 2

나 아닌
다른 사람들에게만
찾아가는 듯한 행복
그 행복이
나에게는
언제쯤이나 찾아올까 전전긍긍 하지만

행복이란

온 것도 아니고

간 것도 아닌

내 마음의 취향뿐인 것을

왜 몰랐을까?

행복 3

이 세상에 살면서
행복을 못 느낀다면
그것은
탐욕과 성냄과 어리석음의
삼독三毒이 있기 때문이다.

어떤 이는 말한다.
나는 아무런 능력도 없다고!
잘
생각해 보시게.

그대는 맨날
지구를 두 발로 밟고
서 있지 않는가?

또
그대는
숨도 잘 쉬고 있지 않는가?
그러므로
여기
이렇게
못나던 잘나던
존재하고 있다는 것이
바로 행복이다.

정진

혼들릴 수가 없는
바른 정진은
이미
완벽히 정해진
무한한 기쁨을 주네.

바람 소리
새 소리가
정진의 숨소리와
하나 될 때
좌복 위의 평화는
세상을 향해
나아간다네.

중도

이 언덕[此岸]이 있어
저 언덕[彼岸]이 있고

저 언덕이 있어
이 언덕이 있으니

그대는
어느 언덕에 있고 싶은가?

진신사리탑

생사가 열반이고
열반이 생사이니
부처님의 진신사리탑이
왜
여기 있느냐고
묻지를 말게나.

수막새를 보고

오랜 세월
삭아 없어진
나머지 얼굴
찾으려고 하지 마시게.

있음과 없음의
부조화가
절묘한 아름다움을
자아내고 있지 않은가?

집착

나란 동굴에
나란 존재는
묘한 애착을 느껴
자꾸만 안주하려고 한다.

또한
나란 동굴을 벗어난
다소 고차원적인 나도
벗어난 세계에 대한
묘한 집착을 일으킨다.

이렇듯
집착은 묘한 마술사인지라
집착을 버리기가
정말로 어렵다.

그러나
나의 본성에는
집착이라는 것이
없으므로 본성이 공성인 줄을 알면
자연히
집착도 사라지리라.

극락세계 1

극락세계는 만들어지는 것이 아니고
내가 아미타불이 됨으로 인해
나의 마음이
극락으로 변화한 것이라네.

극락세계 2

나는 아미타불
극락세계는 저절로
나의 눈앞에
나타나네.

극락세계 3

나는 탐진치가 없는
아미타불
극락세계는 저절로
나의 눈앞에 나타나네.

우리 모두는 탐진치가 없는
아미타불
극락세계는 저절로
우리 모두의
눈앞에 나타나네.

극락세계 4

선원의 문 여는 소리에
극락세계의 문이 열리고
환희로 가득한
수행자의 가슴에
가릉빈가 새의 범음이
물결치듯 져며 오네.

극락세계 5

고함치며 싸우면
아수라장 나타나고
그대의 마음이 평안해지면
그때서야 극락세계 현현한다.

극락세계는 마음으로
만들어지는 것이 아니라
마음이 변화한 것이다.

극락세계 6

공성을 터득하면
가는 곳마다 극락세계요
만나는 사람마다
아미타불이 된다.

극락세계 7

극락세계가
가깝고 멀고는
그대의 마음에
달려 있나니.

공성을 터득하면
극락세계는
그대의 마음먹기에
달려 있나니.

중도

중도를 잘 지켜 수행한다는 것은
너무 급하지도
너무 느리지도 않게 하는 것이
그 요체이다.

중도가

나의 본성이기도 하고

우주의

법法이기 때문에

수행할 때에도

중도에 의지하여야 한다.

定과 慧 1

참선은

定과 慧를 동시에 닦는 것이 요체.

화두가 흔들림 없음이 정定이요,

화두 들고 있음이 혜慧이다.

定과 慧 2

공성을 터득한 이는
모든 것이 공성인 것이 定이요,
일체처 일체시에
화두 들고 있음이 慧이다.

定과 慧 3

보임하는 이는

모든 것이 공성空性인 것이 定이요,

일체처 일체시에

생각하고 말하고

보고 듣고 행동하고

부딪히고 헤어지고

나가고 들어오고

좋아지고 나빠지고 하는 등

모든 것들이

다 慧이다.

定과 慧 4

定에도 머물지 않고
慧에도 머물지 않음이
공성空性이요,
중도中道이다.

지혜 1

그대는
지금 매우 슬픈가?
지금 슬프다면
언젠가는
기쁨도 찾아온다네.

지혜 2

그대는
지금 괴로운가?
지금 괴롭다면
지금이
지난
언젠가의
지금에
행복이 찾아온다네.

지혜 3

그대는
괴로워 할 줄 알기에
언젠가는
환희를 맛 볼 수도 있네.

지혜 4

그대는
나락에 떨어져
허우적거릴 줄 알기에
언젠가는
즐거움의 세계도
만끽할 수도 있다네.

제 4 장

3부. 깨달음의 노래

그대는 늘 새롭으이

님의 소식

국화 향기로
가득한 뒤뜰엔
어느 새
정다운 님의 소식이
와 있었네.

국화가 피어날 때쯤이면
이 세상의
모든
아름다움이
향기로 깨어나서
님을 사랑하게 한다네.

사바세계

사바세계 안의 나요,
내 안의 사바세계인데도
그것을 벗어나면
다 죽는다고 생각한다.
거기에 열반의 묘미가
있는 줄도 모르고!

그것을 벗어나면
죽음과 열반의
갈림길이 나올텐데.

호숫가에서

소나무와 단풍나무가
서로 다정한 모습으로
호수에 비추이고

호화로운 요트와
다 낡은 정크선 고깃배의
비추임도
무슨 차등이 없건만

거기에
올라탄 사람들이
괜스레
어쩌니 저쩌니
호들갑을 떠네.

삶

갈수록 더해지는
삶의 무게
죽음에 이르러서도
그 무게를 감당할 수가 없단다.

애당초
삶의 무게를 재는 저울은
이 세상 어디에도
있지를 않는데
무엇을 가지고
무겁니 가볍니 하는지
그것을
더 알 수가 없다네.

고향 1

고향을 찾는 이가 있어
고향을 가르쳐 주었더니만
그곳은
자기의 고향이 아니라 하네.

그러면
무엇이
그의 고향인지
텅 빈 야밤에
묻고 싶어라.

고향 2

언제나
편안함과 포근함이
충만히
깃든 곳은
자신의 고향 밖에 없는데

고향을 잃어버린

중생은

어디에 가서

편안함과 포근함을

맛볼까?

떠남

나 이제
그대를 떠나갈지라도
너무 슬퍼하지 마오.

그대는 기억나오?
저녁노을이 서산에 질 때
그 아름다움에 흠뻑 취해
나를 떠나 버렸소.

그대는
라일락 향기가 진하게
온 도량을 적신다며

향기를 따라 저 멀리 가버렸소.

그대는
가을의 황금들판
풍성한 잔치를 따라
나를
헌신짝 버리듯 버리고 가버렸잖소.

그러니
나도 이제
그대를 떠나갈지라도
너무 슬퍼하지 마오.

불이법 不二法

그대와 화두가 둘이라면
껍데기 수행자요,
그대와 화두가 하나라면
올바른 수행자이어라.

그대는
不二의 삶을 살면서도
우둔한 그대는
자기만이 외롭다고 한다.

不二法 2

不二라 하니
이 세상의
모든 중생들이
서로 서로 부여안고
환희의 춤을 추고

不二라 하니
하늘 아래나
땅 위나
모든 이들이
자기 분수 따라
제 갈 길로 가지만

不二인지라

지극히

평화스럽기 그지없네.

不二法 3

동양이 있어 서양이 있고
서양이 있어 동양도 있는데
무엇이
한 쪽이 특별하다고
인종차별 운운하는가?

不二門

不二라 하여
門을 닫았고
不二라 하여
門을 열었다.

문 門

막지를 말라.
그전 그대로 안에 있으니

내보내려고도 하지 마라.
이미 그 안에 없으니

그대의 본성은
그런 것이다.

여여문如如門

여여문如如門을
통과한 이는
어린이가 어른이 되고
어른이 아이가 된답니다.
그렇지 않으면
여여如如라 할 수 없으니까요!

그대여
안심하시고
도道의 문을
통과하시게.

고난과 행복

나에게 닥쳐왔던
고난과 시련
나만 지나쳐 버린 듯한
행복
공성을 깨닫고 보니
그 모든 것들이
나의 절친한 벗이었더라.

행복

이 사바세계에서
행복이 없다면
저 극락세계에도
행복이 없으리.

제 5 장

수행에 들어가는 장

그대는 늘 새롭으이

하나. 수행의 방법

앞에서 그대는 이미 번뇌망상이 하나도 없는 완전한 부처임을 다 보여주었건만 도대체가 그것이 믿기지 않는다면 이제는 중생의 탈을 벗고 부처가 되기 위해 점차적인 수행을 하거나 바로 깨닫는 돈오의 수행을 하면 된다네.

또는 먼저 점차적인 수행을 하여 도 닦는 그릇을 어느 정도 만든 다음에 바로 깨닫는 돈오의 수행을 하면 더 할 나위 없는 아주 훌륭한 수행자가 될 수도 있다네.

둘. 왜 수행을 해야 하는가?

먼저 생노병사를 비롯해서 많은 괴로움들이 나의 앞에 왜 나타나는지를 이해를 해야 한다네. 여러 가지 조건들이 맞물려 일어나지만 그 중에 무명(통찰의 지혜가 없는 것)과 갈애(무턱대로 좋아하는 것), 좋은 것은 집착하고 싫은 것은 버리려는 이중적인 본능이 제일의 근본적인 문제이므로 그것들을 제거하여 괴로움에서 완전히 벗어나 영원한 행복의 삶을 누리기 위해 수행을 한다네.

셋. 점차적인 수행 (명상과 지혜)

1) 형식이 없는 가벼운 명상(성숙하고 바람직한 인간이 되기 위하여)

가장 쉬운 명상을 소개한다.

명상 1 - 괴로움에 대한 명상

지금

괴롭다면

무엇이

괴로움을 느끼고 있는지를

찾아보시게.

괴로움이란

뿌리가 없기에

그 괴로워하는 자를 찾아보다 보면

괴로움이 흔적도 없이

사라지게 되고

괜스레

자기 자신이

괴로워 했음을 알게 된다.

명상 2 - 괴로움에 대한 명상

지금

괴롭다면

그 괴로움을

지켜보시게.

괴로움이란

뿌리가 없기에

얼마 안가서

연기처럼 사라질 테니까.

명상 3 - 절하는 명상

지금 괴롭거나 슬퍼서

명상을 하는 데도

별 효험이 없다면

108배 절을 하면서

입으로는 관세음보살을 부르면서

그 괴로움과 슬픔을

지켜보는 명상을 해보시게.

얼마 안가서

왜

자신이

그토록 어리석게

괴로워하고 슬퍼했는지

알게 될 거네.

명상 4 - 화에 대한 명상 / 조깅 명상

지금

무지하게

화가 난다면

공터로 나가

조깅을 하며

그

화를

지켜보는 명상을 해보시게.

명상 5 - 108배 절 명상

지금

무지하게

화가 난다면

108배 절을 하며

그 화를 내고 있는 자가
누구인가를
찾아보시게.

명상 6 - 좌선 명상

지금
머리를 맑게 하고 싶다면
좌선 자세로 앉아
단전에다
생각을 집중시키게.

명상 7 - 조깅 명상

지금
공부가 잘 안되어

불안하다면

보던 책은 덮어버리고

공터로 나가

조깅을 하며

무엇이 불안해하는 지를

찾아보시게.

명상 8 - 108배 명상

스트레스가

너무 많이 쌓여서

무엇을 해도

진취가 없다면

108배 절을 하며

도대체

스트레스를 받고 있는 자가

누군지를

찾아보시게.

명상 9 - 108배 명상

자기 자신이

너무

소극적이어서

매사가 겁이 난다면

108배나 3000배 절을 하며

무엇이

소극적이고

무엇이

적극적인가를

찾아보시게.

명상 10 - 108배 명상

자기 자신이

너무 나약해서

무슨 일을 해야 할지

모르겠다면

108배나 3000배를 하면서

왜

자기 자신이

나약한 지를 찾아보시게.

명상 11 - 안정을 찾는 명상

자기 자신이

너무 덜렁대다 보니

실수가 잦아

낭패를 보는 수가 많다면

차분히

좌선 자세로 앉아

호흡을 가다듬고

실수가 잦은

자기 자신이

도대체

무슨 물건인지

찾아보시게.

2) 형식이 있는 명상과 지혜(일상생활에서 나타나는 불만족스러운 자신의 성격과 마음의
   상처, 스트레스 등을 조절하고 대처하는 법)

(1) 실제 생활에서 가볍게 할 수 있는 지혜 기르는 법과 명상
   ① 고마움을 모를 때
      '나한테 당연히 이렇게 해 줘야지, 뭐야!' 자기 내면 속에 종종 이런 생각들이 일어
      난다면, 그로 인해 스트레스가 쌓인다. 그 스트레스를 벗어나는 법.

해소 방법

㉠ 아침에 일어나자마자,

　　잘 일어날 수 있어서 "감사합니다."를 세 번 되뇐다.

㉡ 식사할 때,

　　식사를 이렇게 잘 할 수 있게 되어 "감사합니다." (3번)

㉢ 밖에 나가려고 신발 신을 때,

　　"신발아, 고맙다. 나의 발을 항상 편하게 해줘서." (3번)

㉣ 할 수 있으면 아무 때나, "감사합니다."를 되뇐다.

㉤ 밤에 자기 전에, "이 세상에 대한 감사 명상"을 5분 정도 한 후에 취침한다.

② 남에게 다가서기가 두렵다면

'남에게 거절당하거나 싫어하면 난 어쩌지?' 이런 생각에 다른 이에게 다가가기가

두려워진다면

해소 방법

㉠ 거울 앞에 서서 '이 세상의 모든 이들은 다 평등하다.'는 생각을 자주 한다.

㉡ 거절하고 싫어하는 것은 그들 나름대로 사유가 있을 터, 그것을 알고 해소하려

　　는 지혜를 기른다.

ⓒ 다른 이가 나에게 무엇을 부탁해 올 때, 되도록 거절하거나 싫어하는 기색을 내지 않는다. 그러다보면 상대방을 이해하게 된다.

③ 무관심을 당할 때

ⓐ 거울 앞에 서서 자신의 모습을 바라보며 어떻게 하면 거울 속의 자기 자신이 거울 앞의 실제 자기 자신에 대해 관심을 가져줄까를 다각도로 궁리해 본다.

ⓑ 거울 앞에 서서 반가운 표정을 지어본다면 거울 속의 자기 자신도 반가운 표정을 한다.

ⓒ 내가 진심으로 반가운 표정을 지으면 상대방도 자연스럽게 감응이 되어 반가운 시늉을 보인다.

④ 열등감이나 질투가 자주 난다면

무엇을 할 때 항상 상대방이 나보다 더 잘한다는 생각이 들면 자신도 모르게 열등감을 느끼고 질투를 하는 이들이 있다.

해소 방법

ⓐ 상대방 칭찬하기

상대방을 인정하고 늘 칭찬하는 습관을 기른다.

ⓛ 남과 비교하지 않기

　비교를 하게 되어 나보다 낫다 싶으면 열등감이, 나보다 못하다고 느끼면 상대방을 무시하게 된다.

ⓒ 간혹 등산을 하여 정상에 올라 아래 산들을 내려다보며 모든 것을 다 품을 수 있다는 호연지기를 길러본다.

⑤ 자존심이 자주 상한다면

　자존심이 강하다보면 자신이 잘못해 놓고도 사과하는 법이 잘 없고 남 탓만 하게 되는 경우가 대부분이다. '저 사람도 고집이 참 센가봐.' 그러면서 비아냥거리기도 한다.

해소 방법

㉠ '내가 누군데….' 하는 생각이 자존심을 불러일으키므로 그 생각을 지우도록 한다.

ⓛ 내가 마음이 상하면 상대방도 마음이 상한다는 사실을 인정해야 한다.

ⓒ '나만 괜찮으면 다 괜찮아.'라는 자기중심의 생활패턴을 바꾸려고 노력을 해야 한다.

ⓔ 자기 전에 명상 (5분 정도)

호흡을 들이 쉬며 자존심을 보고, 호흡을 내쉬며 자존심을 본다. 자꾸 하다 보면 자존심이 사라지고 그 자존심을 일으켰던 자기 자신이 너무 왜소하게 느껴짐을 알 것이다.

⑥ 남을 무시하는 버릇이 있을 때

"내가 하는 말은 이제 안 들려…." 상대방을 얕잡아보기 때문에 이런 말도 스스럼없이 한다.

해소 방법

㉠ 내가 남을 무시하여 상대방의 마음이 아프다면 남이 나를 무시해도 마찬가지라는 생각을 자주 한다.

㉡ 자기가 상대방을 거울 들여다보듯이 다 잘 안다고 하지만 사실은 그것은 '빙산의 일각일 뿐이다.'라는 것을 알아야 한다.

㉢ 상대방의 말에, 상대방의 모습에 좀 더 진지하게 다가갈 필요가 있음을 알아야 한다.

⑦ 선입견이나 편견이 많다면

'역시 그럴 줄 알았어.' 상대방을 대할 때 선입견이나 편견을 가지고 있다 보면 그런 말도 하면서 실망을 한다. 그러나 정작 그럴수록 자기 자신은 속이 좁은 사람이 되어 가는 줄을 모른다.

해소 방법

㉠ '열 길 물속은 알아도 한 길 사람 속은 모른다.'는 우리나라 속담을 자주 생각해 본다.

㉡ 선가禪家에 '사흘 전의 소식을 묻지 마라.'는 금기 사항이 있다. 과거에 '그가 어떠했다.' 하지만 사흘이 지난 다음에는 그가 어떻게 변해 있을지 모르기 때문에 사람을 함부로 대하지 말라는 뜻이 담겨 있다.

㉢ 평상 시 호흡수행을 하여 마음의 평정을 얻는 연습을 하여 보자.
　(호흡수행은 본격적인 명상수행 편을 보고 하시면 된다.)

⑧ 바라는 마음이 많다면

'내가 해준 만큼 너도 해줘야지.' 이렇게 대가를 바라다보면 상대방이 그렇게 해주면 기분이 좋지만 그렇지 못하면 스트레스가 생기게 된다.

해소 방법

㉠ 먼저 그렇게 못하는 상대방의 형편이 어떤지를 살펴보자.

ⓒ 상대방을 진정으로 도와주면 그것은 공덕이 되지만 대가를 바라면 그것은 거래
　 가 되어 버린다.

ⓒ 대가를 바라다보니 스트레스가 생겼으므로 다른 이가 힘들 때 대가 없이 도와
　 주는 연습을 해보도록 한다.

⑨ 친구의 이중 마음에 자신이 힘들다면, 때때로 상대방이 의도적으로 무슨 일을 하면
　 서 착한 척, 미안한 척, 안 그런 척 하는 모습을 보고는 마음이 상한다면

해소 방법

㉠ 자기 자신은 그런 적이 없는가를 반조해 본다.

ⓒ 상대방이 그런 모습을 보이는 것은 단지 그 자신을 드러내지 않고 이 사회로부
　 터 자신을 보존하기 위한 것임을 알아야 한다.

ⓒ 시간이 걸리겠지만 그럴수록 자기 자신은 상대방에게 진심으로 대해 주어야 한
　 다. 언젠가는 상대방도 그대를 믿을 수 있는 사람이라고 느낄 때 마음을 열 것
　 이다.

⑩ 무조건 '내가 옳다'는 고집이 있다면
　 고집이 세다보면 상대방의 말이 맞더라도 '그래도 네 말은 틀렸고, 내가 하는 말이

맞다.'고 끝까지 우긴다.

해소 방법

㉠ 내가 돋보이고 싶은 마음과 남에게 무시당하기 싫음과 좌중을 평정하고픈 욕심에 자신이 틀렸다는 것을 인정하기가 어려운 것이니 이 사실부터 인정하는 연습을 자꾸 해야 한다.

㉡ 진정으로 그 말이 맞다면 돋보이고 싶은 마음을 안 일으켜도 그 말이 맞고, 남이 무시할 수도 없을뿐 더러 좌중을 평정하려고 안 해도 저절로 평정이 됨을 알아야 한다.

⑪ 삶이 지루하다고 생각된다면

괜스레 짜증이 자주 나서 옆 사람과 별 일 아닌 걸 가지고도 부딪히는 일이 생겨 그로 인해 스트레스를 받게 된다.

해소 방법

㉠ 짜증을 내어 받은 스트레스에 심신이 피곤해 할 것이 아니라 그 짜증의 원인이 삶이 지루하다는 데 있고, 지루함을 느끼는 원인은 항상 똑같은 일을 반복하는 데 있음을 알아야 한다.

ⓛ 그대는 기계도 아닌데 왜 똑같은 일을 반복만 하여 피로함과 지루함을 느끼는
　　가를 반성해야 한다.

ⓒ 그대는 만물의 영장인 인간이기에 얼마든지 똑같은 일 속에서 새로운 것들을
　　찾아내 재미있게 일을 만들어갈 수 있다.

ⓔ 우주가 무한하고 나도 무한함을 안다면 현재 내가 알고 있는 것은 아주 미미하
　　다는 것을 깨닫게 되어 많은 것들을 발견하고 발명하는 일에 몰두할 수 있다.

⑫ 무기력한 마음 상태가 왔다면

에너지가 고갈된 듯 아무것도 하지 싫어 빈둥거리는 것조차 귀찮다면 삶이 거추장
스럽게 느껴질 것이다.

해소 방법

㉠ 일단은 몸에 무슨 이상이 있는지 병원에 가서 건강 체크를 해본다.

ⓛ 몸에 이상이 없다면 마음 상태를 체크해본다.

ⓒ 정말로 하고 싶은 일은 아니지만 먹고 살기 위해서 어쩔 수 없다면, 주변에서 하
　　도 닦달하니까 어쩔 수 없어 한다면 삶의 목표가 없는 일은 생기가 들 수 없어
　　지겹기만 하고 그 지겨운 일을 날마다 대하려니 자연적 무기력하게 된다.

ⓔ 이생에서 정말로 내가 하고 싶은 일을 다시 찾아 그 일을 할 때 없던 활력이 생

겨나 바쁘게 살아 갈 수 있다.

⑬ 무엇을 해야 될지 모르겠다면,

이런 마음의 상태라면 평생 백수건달이 될 수도 있다.

해소 방법

㉠ 자신이 이 사회에 대해 막연한 두려움을 갖고 있는 것은 아닌지 점검해 보자.

㉡ 이 사회란 사람들이 살아가는 곳이라 나도 이 사회에서 똑같이 살아가기 때문에, 우리에 의해 사회가 존재하기 때문에 사회란 별 것 아니어서 전혀 두려워 할 필요가 없음을 알아야 한다.

㉢ 그대가 무엇을 하면, 그 무엇을 하는 것이 그 시점의 사회가 된다는 말이니 두려워 할 것 없이 그대가 그 일을 하여 그대가 보람을 느낄 수 있다면 그 일을 창조적으로 하면 된다.

㉣ 그런 다음에 매일 명상을 하여 긍정적이고 적극적인 삶을 살도록 하자.

3) 실제 생활에서의 본격적인 명상 수행

건전한 사회생활을 할 수 있도록 해줄 것이다.

(우울, 불안, 모든 부정적인 것 다 같은 방법으로)

① 슬픔이 닥쳐와 괴롭다면

　　어느 자리가 되었건 지금 여기에서 (의식은 아래 배꼽 부분에 둔다.)

　해소 방법

　㉠ 자연스럽게 '숨을 들이쉬며 내쉬며'를 몇 번한다. (알아차린다)

　㉡ 그런 다음 숨을 들이쉬며 슬픔에 젖어 괴로워하는 나를 본다. (알아차린다.) 숨

　　을 내쉬며 그런 나를 본다.

　㉢ 숨을 들이쉬며 슬픔을 직시한다.

　　숨을 내쉬며 슬픔을 직시한다. (몇 번을 그렇게 한다.)

　㉣ 숨을 들이쉬며 슬픔과 내가 분리됨을 본다.

　　숨을 내쉬며 슬픔과 내가 분리됨을 본다.

　㉤ 숨을 들이쉬며 슬픔이 사라짐을 본다.

　　숨을 내쉬며 슬픔이 사라짐을 본다.

　㉥ 숨을 들이쉬며 텅 빈 내 마음을 본다.

　　숨을 내쉬며 텅 빈 내 마음을 본다.

② 자신이 너무 옹졸하다고 느낀다면

바닷가에 갈 일이 있다면 바닷가에서, 지금 여기에서 (의식은 배꼽 부분에 둔다.)

해소 방법

㉠ 숨을 들이쉬며 바다를 본다. (알아차린다.)

숨을 내쉬며 바다를 본다. (몇 번 한다.)

㉡ 숨을 들이쉬며 바다의 넓음을 본다.

숨을 내쉬며 바다의 넓음을 본다.

㉢ 숨을 들이쉬며 바다를 보고 있는 자신의 마음도 확 트임을 느낀다.

숨을 내쉬며 바다를 보고 있는 자신의 마음도 확 트임을 느낀다.

㉣ 숨을 들이쉬며 확 트여 있는 자신의 마음을 본다.

숨을 내쉬며 확 트여 있는 자신의 마음을 본다.

㉤ 숨을 들이쉬며 확 트여 있는 나의 마음이 누군들 용서하지 못하겠는가? 를 반문한다.

숨을 내쉬며 확 트여 있는 나의 마음이 누군들 용서하지 못하겠는가? 를 반문한다.

③ 산책을 하면서 자기 정화를 하고 싶다면

(슬픔, 우울, 분노, 불안 등 다 똑같은 방법이다.)

걷기 명상을 한다. 지금 여기에서 (의식은 발바닥에 둔다.)

해소 방법

㉠ 먼저 맑은 공기를 마시며 몇 걸음 걷는다.

㉡ 그런 다음 걸을 때 왼발이 땅에 닿는 감촉을 느껴본다.

　오른발이 땅에 닿는 감촉을 느껴본다. (몇 걸음) (알아차린다.)

㉢ 왼발을 디디며 슬퍼하는 나를 본다.

　오른발을 디디며 슬퍼하는 나를 본다. (몇 걸음)

㉣ 왼발을 디디며 슬픔을 본다.

　오른발을 디디며 슬픔을 본다.

㉤ 왼발을 디디며 슬픔과 내가 분리됨을 본다.

　오른발을 디디며 슬픔과 내가 분리됨을 본다. (몇 걸음)

㉥ 왼발을 디디며 슬픔이 사라짐을 본다.

　오른발을 디디며 슬픔이 사라짐을 본다.

㉦ 왼발을 디디며 텅 빈 내 마음을 본다.

　오른발을 디디며 텅 빈 내 마음을 본다.

④ 음악을 들으며 명상하기

심신이 피로하다면 소파에 기대거나 자리에 누워서 편안하게 명상 음악을 듣는다. (특히 불면증에 좋다.)

이때는 모든 의도적인 것을 다 놓아버리고 그냥 듣기만 한다. 좋니 나쁘니 하는 감정도 다 내려놓고 그냥 듣기만 한다. 그러다가 잠이 오면 그냥 자도 된다.

의외로 다른 격식이 있는 명상들보다 이 음악을 들으며 명상하시는 분들이 상당히 많은 것 같다. 자신만의 조용한 공간에서 아무런 제약을 받지 않고 자유롭게 음악을 들으며 하는 명상인지라 산란했던 마음이 쉽게 가라 앉아 평정을 찾기 때문이라고 여겨진다.

⑤ 소리 듣기 명상

계곡의 물소리가 좋겠다. 비 내리는 소리나 싱잉볼 명상도 괜찮다. 아무 소리나 다 듣기 명상을 할 수 있다. 숙달이 되기 전에는 앉아서 듣기 명상을 하는 것이 좋다.

해소 방법

㉠ 편안히 앉는다.

㉡ 계곡의 물소리를 듣는다.

㉢ 계곡의 물소리가 자기 자신을 씻어감을 느껴본다.

ⓔ 물소리가 사라짐을 본다.

ⓜ 자기 자신도 사라짐을 본다.

ⓑ 자리에서 일어나며 완전히 정화가 된 자기 자신을 볼 때, 계곡의 물소리는 그대로임을 본다.

(남이 칭찬하는 소리, 비난하는 소리 등 사회생활을 하면서 듣는 모든 소리도 명상의 대상이 될 수도 있다.)

일단 무슨 소리를 들으면 즉각적인 반응은 유보한 채 발걸음을 몇 걸음 움직여 자리를 잡거나 그 자리에서 마음속으로 숫자를 1, 2, 3, 4 …… 10까지 세거나 호흡을 몇 번 한다.

호흡을 바라보다가 상황을 객관화시킨 다음 바른 판단을 하여 상대방을 설득시켜야 할 필요가 있으면 설득 설명하고, 별일 아니다 싶으면 그냥 웃고 넘어가거나 유머 한 마디 정도 하여 분위기를 좋게 한다면 상대방과의 관계를 항상 원만하게 끌어갈 수가 있다.

이런 것은 명상이 생활화되어 수시로 명상을 하는 사람은 쉽게 이루어질 수 있을 것이다.

⑥ 춤을 추는 명상

너무 움직임이 없어 답답하다면 춤명상을 해보시길 권한다. 먼저 방해 받지 않을 장소를 골라잡고 이때 음악은 있어도 좋고 없어도 좋다.

해소 방법

㉠ 처음 가볍게 몸놀림을 몇 번 해본다.

㉡ 그런 다음에는 무슨 의도를 하지 말고 몸이 가는대로, 원하는대로 그냥 춤을 춘다. 부끄럽니, 잘하니, 못하니, 이쁘니, 보기 싫니, 우울하니, 기쁘니 하는 등의 마음의 모든 행위들을 다 내려놓고 오직 몸이 움직이는 대로 춤을 춘다. 우주가 춤을 추듯이 말이다. (사실 삼매 속에서 들여다보면 우리 몸을 이루고 있는 미세한 소립자들도 가만히 있지를 않고 빛으로 파장으로 춤을 추고 있다.) 그렇기 때문에 춤을 추면 얼마 안 가서 마음과 몸이 평화에 젖게 되어 그 삼매 속에서 환희심을 만끽할 수도 있을 것이다.

▷ **짜증이 자주 나는 성질일 때**

적당한 짜증은 신체적 리듬의 변화로 오는 것이기 때문에 그리 큰 문제가 될 것은 아니고 오히려 삶의 활력을 불어 넣을 수도 있다.

그러나 짜증이 너무 심하면 주변의 사람들도 피로해질 뿐만 아니라 자기 자신도 '내가 왜 이러나? 어째 나 같지가 않네.' 라며 자신에 대해 실망과 좌절을 자꾸 하다 보면 자신의 삶이 피곤해질 수 있으므로 이런 것은 건전하게 바꿀 필요가 있다.

먼저 왜 자신이 자꾸 짜증을 내는지 그 원인을 잘 살펴봐야 한다.

① 신체적 변화 때문이라면 일단 그 짜증냄을 받아들이라.

② 주변 환경이나 사람들의 말과 행동이 마음에 들지 않아서 짜증이 난다면 '인생은 이렇게 살아야 된다'는 가치관이나 사회적, 가정적 정의 등이 지나치게 너무 빡빡하고 척도를 너무 높이 정해 놓은 것은 아닌지 점검해 보고 문제가 발견된다면 그것을 적당하게 조정하면 짜증날 일이 많이 줄어들 것이다.

③ 명상을 통해서 짜증을 다스리는 법

짜증을 받아들였거나 많이 줄어들었다면 이제 명상을 통해서 짜증을 다스려 보자.

해소 방법

㉠ 먼저 밖에 들떠 있던 마음을 [지금 여기]로 돌아오게 하라.

지금 여기란 그대 자신 그자체이고 그 속은 '텅 비어 있다.' 는 것을 생각하라.

㉡ 호흡을 몇 번 한다. (호흡은 격식을 두지 말고 그냥 하고 싶은 대로 하라.)

㉢ 호흡을 들이쉬며 짜증나 있는 나를 본다. (알아차린다.)

호흡을 내쉬며 그런 나를 본다. (몇 번 한다.)

㉣ 호흡을 들이쉬며 짜증만을 본다.

호흡을 내쉬며 짜증만을 본다.

ⓜ 호흡을 들이쉬며 짜증과 내가 분리됨을 본다.

호흡을 내쉬며 짜증과 내가 분리됨을 본다.

ⓗ 호흡을 들이쉬며 짜증이 사라짐을 본다.

호흡을 내쉬며 짜증이 사라짐을 본다.

ⓢ 호흡을 들이쉬며 내 마음은 원래 텅 비어 있는데 왜 내가 짜증을 냈을까? 를 반문해
본다.

호흡을 내쉬며 또 그것을 반문해 본다.

ⓞ 호흡을 들이쉬며 '짜증을 내는 것은 어리석은 짓이다.' 라고 생각한다.

호흡을 내쉬며 '짜증은 어리석은 짓이다.' 라고 다짐한다.

▷ **원만한 대인관계를 갖고 싶다면**

어떤 일이 잘못되면 항상 남의 탓만 하고 자기 자신은 전혀 잘못이 없다는 분들이 간혹 있다.
대체적으로 그 잘못된 일이 자기 주변에서 일어났으면 대부분 자기 자신이 관여되어 있거나
일부분 자기가 그 일과 연관되어 있음에도 그 잘못을 인정하지 않으려 한다.
남이 이래서, 또는 저래서 그렇게 되었다며 책임을 다른 사람에게 돌리게 된다면 물론 그 사
람은 이 사회를 조금도 손해 보지 않고 영악스럽게 잘 대처해서 살아갈 것이지만 시간이 갈

수록, 그런 상황이 자주 연출될수록 점점 더 사람들은 자신으로부터 멀어져서 사회생활을 하기가 빠듯해짐을 느끼게 될 것이다. 원만한 사회생활을 하고 싶다면 이런 이기적인 형태를 바꿔야 할 것이다.

먼저 지혜로 생각해 보라.

① 내가 남의 탓을 하면 상대방도 나의 탓이라고 삿대질하게 된다. 그게 안 보일수도 있겠지만.

② 나의 잘못에 대한 책임을 확실히 질 때 사람들은 그대를 믿기 시작한다.

③ 사람들이 그대를 믿어주면 그대가 무슨 일을 하든 그 사람들이 그대를 그 일에 있어 적임자라고 믿어 준다.

　명상을 통해 원만한 대인관계를 이뤄보자.

해소 방법

㉠ [지금 여기]에서 허공을 한번 쳐다보라.

㉡ 숨을 들이쉬며 허공을 본다.

　숨을 내쉬며 허공을 본다. (여러 번)

㉢ 숨을 들이쉬며 허공의 구름을 본다.

　숨을 내쉬며 허공의 구름을 본다.

㉣ 숨을 들이쉬며 허공에 날아가는 새를 본다.

숨을 내쉬며 허공에 날아가는 새를 본다.

ⓜ 숨을 들이쉬며 비행기가 날아감을 본다. (비행기가 지나갈 경우에)

숨을 내쉬며 비행기가 지나감을 본다.

ⓗ 숨을 들이쉬며 비행기가 지나간 흔적, 즉 연기구름을 본다.

숨을 내쉬며 비행기가 지나간 흔적, 즉 연기구름을 본다.

ⓢ 숨을 들이쉬며 연기구름이 흩어져 사라짐을 본다.

숨을 내쉬며 연기구름이 흩어져 사라짐을 본다.

ⓞ 숨을 들이쉬며 허공은 구름, 새, 비행기 등이 지나가도 아무런 싫어함이 없음을 알아챈다.

숨을 내쉬며 허공은 구름, 새, 비행기 등이 지나가도 아무런 싫어함이 없음을 알아챈다.

ⓩ 숨을 들이쉬며 내 마음도 허공 같아 남을 다 받아들일 수 있다고 다짐한다.

숨을 내쉬며 내 마음도 허공 같아 남을 다 받아들일 수 있다고 다짐한다.

▷ **거울명상**

남에게 사랑받고 싶다면 이 세상의 물건 중에 가장 자비스러운 것은 단연 거울이라 할 수 있다. 거울은 어떤 사물이라도 자기 앞에 오면 그 모습 그대로를 다 비추어준다. 그런 거울의 성질을 잘 활용하면 혼자만의 명상을 많이 할 수 있다.

남에게 사랑받고 싶은 생각이 있다면 먼저 거울 앞에 서서,

① 편안한 미소를 띄우면 거울 속의 자신도 편안한 미소를 짓는다.

② "나는 그대를 사랑한다."고 말하면 거울 속의 자신도 "나도 그대를 사랑한다."고 말한다.

③ 자주 자주 이렇게 하다 보면 자신도 모르게 사랑스러워지는 모습으로 변해감을 느낄 수 있을 것이다.

※ '모든 것은 다 변해간다.'는 진리를 이런 식으로도 활용해 볼 수 있는 것이다.

▷ 긍정적인 명상법(긍정적이고 낙천적인 사람이 되고 싶다면)

『벽암록』이란 선종禪宗의 책에 이런 화두공안이 있다. 운문선사雲門禪寺가 보름날 법회에서 제자들에게 "십오일 이전은 너희들에게 묻지 않겠다. 십오일 이후에 대해서 한마디 일러보라."고 했는데, 아무도 대답이 없어 당신 스스로 이렇게 말했다. "날이 날마다 좋은날[日日是好日]이라고.

이것을 가지고 간화선(화두를 들고 하는 참선)을 해야 하지만 일상생활에서도 아주 유용하게 쓰일 수 있는 아름다운 말씀이기 때문에 가벼운 명상으로도 사용할 수 있다.

그 방법은 간단하다. 아침저녁으로 거울을 쳐다보고 거울 속의 자기 자신에게 "안녕, 오늘도,

내일도 나날이 좋은 날이야!"라고 말을 건넨다. 행복한 미소를 지으면서. 이런 방법이 아무것
도 아닌 것 같아도 자꾸 자꾸 거울을 보면서 이런 명상을 해주면 이 잠언이 자기 속의 무의식
(제8아뢰야식)에 저장이 되어 시절인연이 다가왔을 때 자신도 모르게 성격이 긍정적이고 낙
천적으로 바뀌어져 있음을 보게 된다.

4) 현자적 삶을 살기 위한 필수적인 수행들

앞에서는 보통 사람들이 현재의 일상생활보다는 좀 더 나은, 바람직한 삶으로 바꾸어 살아
볼 수 있는 방법들을 보여드렸다면, 이제 이 사회의 모두가 더불어 살아가는 건전한 사회가
되기 위해 남을 위하는 이타적 삶을 잘사는 현자나 성자들이 많이 나와야 하기 때문에 현자
나 성자들이 갖추어야 할 수행덕목들을 안배했다.

자비심 1

수행에 있어

자비심은 굉장히 중요하다네.

이 세상은

나만이 홀로 존재하는 것이 아니라

수많은 상대자가 있음을

가슴 속 깊이

자각하기 위함이라네.

'상대'란

깨달음을 얻으려면

굉장히 중요한 것인데

상대가 없음은 깨달을 것도

없어지기 때문이라네.

자비 2

절대적 자비는

자신의 본성이요

상대적 자비는

도와줄 상대가 있어서

도와준다네.

상대적 자비는

때때로

한쪽을 도와주면

다른 한쪽은

피해를 입을 수도 있으니

범위 설정을 잘 해야 하고

끝없는

자비심을 일으켜야 한다네.

자비심 3

상대가 있어

내가 존재한다네(상대란 중생과 우주 모두 다이다)

상대가 있어 절대도 존재하고

내가 있어 상대가 존재하고

절대가 있어 상대도 존재한다네.

그러므로

상대를 대할 때는 자비심이 필요한데

자비심이 충만해야

모든 상대가 편안함을

얻기 때문이라네.

자비명상 4

어느 선생님이 수업하기 전에
자연스럽게 미소를 짓는 방법을 생각했단다.

항상 수업 시작하기 전에 학생들을 바라보며 – 자기 자신도 학생시절에 마냥 힘들었던 것을 기억하고는 동병상련의 마음으로 – 순수한 마음으로 학생들이 '행복해지기를 바란다.'는 의념을 가지고 수업을 했더니 무심결에 자기도 모르게 학생들 때문에 굳어있던 자신의 얼굴이 확 풀어져서 저절로 미소를 띄웠다는 일화가 있다.

이처럼 자비명상이란 힘이 대단하다. 자비로운 말과 행동이 무지하게 많겠지만 평상시에 늘 '모든 이들이 항상 건강하고 편안하고 행복하소서.' 이 정도만 자비명상을 해주어도 그 선생님처럼 어느 날 오히려 자신의 마음이 편안해지면서 자연스런 미소도 띠게 되고 이것이 오래되면 실제적으로 자기 주변 사람들도 자기를 보면 항상 편안해함을 느낄 수 있다.

자비심 5

자비심이란
사실은
그대 본성의 성질이라네.

모든 것을 허용하고
받아들이기도 하고
내보내는 것도 아무런
조건이 없다네.

마치
거울에 무엇이 다가오면
그대로 받아들여
그 모습을
아무런 조건 없이
비추어 내듯이

자비심 6

이 우주는
창조, 유지, 파괴, 공 등의 현상으로
이루어지고 무너지고 하지만
그 어느 것도
그대와 우주의 본성인 공성을
벗어날 수가 없다네.

(본성)공성 자체의 성질이
대자비이다 보니
대자비를 알아 대자비를 행하는 것은
깨달음을 얻으려는 수행자에게는
가장 기본적인 덕목이 되어야 한다네.

보시 1

틈만 나면
보시를 많이 하게나.

보시를 자주 하면
자신의 탐욕심이
점점 사라지고
본성의 청정함이
점차로 드러난다네.

보시 2

따뜻한 말이 필요하다면
따뜻한 위로의 말을

재물이 필요하다면

자신이 감당할 수 있는
적정량의 재물을

재능이 필요하다면
검증 가능한 재능을

법法이 필요하다면
그에게 맞는 올바른 법法을
자신이 할 수 있는 아무것이나
그것이 남에게 도움이 된다면
기꺼이 보시하시게나.

보시를 받는 상대방도 기뻐하지만
보시를 하는 그대도
자신도 모르게
자신의 인색함이 점점 사라지고
마음의 도량이 점점 넓어져 감을
느낄 것이라네.

보시 3

남을 위해 항상

자비심을 베푸는 것이 보시이고

재물로써 어려운 이를 돕는 것이 보시이고

따뜻한 위로의 말도 보시이고

법法으로써 괴로움을 벗어나게 하는 것도 보시이고

남에게 하심下心함도 보시이고

내려놓기[放下著]도 보시이고

참회함도 보시이고

계를 지킴도 보시이고

인욕함도 보시이고

남에게 믿음을 주는 것도 보시이고

정진을 잘 하는 것도 보시이고

깨달음을 얻는 것도 보시이다.

이 모든 것들이

다 남을 위한 이타적인 생각과 행동이 되는 것은

그대의 모습을 보고

다른 이들이 감동을 받거나 잘 배워서

성숙한 인간의 삶을

만들어 갈 수 있기 때문이다.

하심下心 1

자기 자신만이

독보적이 존재라는

생각이 있다면

그는

올바른 위없는 법을

깨달을 수 없으니

수행자는

때때로

다른 사람보다도

자신이 못하다라는

낮은 마음을

일으켜야 한다네.

하심下心 2

수행자의 가장 큰 적은

아만심인데

내가 '나'이라는

자존감은

그대의 본성을

못 보게 만든다네.

하심下心 3

저 높은 곳에만
고준한 법法이 있어
늘
고상하고 우아한 곳으로
눈길을 돌린다면

낮은 세계에서는
법法이
없다는 말인가?

이것을 경계하기 위해서
수행자는
수시로
자신의 마음을 낮추어야 한다네.

참회

그대가
중생으로 사는 까닭은
나만을 위한
탐욕과 성냄과 어리석음을
당연한 나의 권리라고
생각하기 때문이라네.

지난날의 이런 잘못을
진정으로 참회하지 않는 한
그대의 청정한 본성을
볼래야 볼 수가 없다네.

참회 2

참회는
모든 중생에게
진정한 마음으로
절을 무수히 하기도 하고
만트라를 외워
몸과 입과 마음으로 지은
모든 잘못을 참회하고
정화시키기도 한다네.

참회 3

어떤 나쁜 일이
자기로 인해 생겼다면
최대한 빨리
대중 앞에 참회를 해야 한다네.

숨김없이

자신의 잘못을

낱낱이 드러내어

진정한 참회를 해야 한다네.

안녕

오늘도 내일도 나날이

좋은 날이야.

하하하

참회를 하고

용서를 구하면

더 이상 자신의 무의식 속에

남아 있지를 않아

수행하는 데

아무런 장애가 없게 된다네.

내려놓기 1

방하착放下著

때때로

억지를 부려

다른 이를 힘들게 함은

자신의 자존심이

망가질까 겁내서이지.

그러므로

수행자는

잠들기 전에

하루일과를 점검해 보고

항상

자신의 자존심을

내려놓는 마음 다짐이

필요하다네.

내려놓기 2

무슨 일이
잘못 되었을 때는
그 원인이 있지

냉정한 판단이 필요했는데도
과도한 집착을 한 경우가
대부분일거야.

때때로
내려놓기 수행을 함은
일에 대한
올바른 지혜를
일어나게 한다네.

내려놓기 3

중생이

사바세계에 윤회함은

무명에 가려

밝지 못한 앎을

참다운 지혜라고

그릇 천착하기 때문이지.

그 집착함이

얼마나

굳고 단단한지

아무리 세월이 흘러가도

해결할 방법이 없는 듯하다지만

단 하나의 방법은

나의 실상을 제대로 알아

그 집착을 내려놓으면 된다네.

내려놓기 4

윤회의 주체인
내가 있다는 생각
그 생각이 너무나 깊고 깊어
큰 집착이 되어 버렸네.

이 법계法界가 있다는 앎이
너무나 굳고 단단하여
또 집착을 만들어 버렸네.

이 집착은
해탈을 하는 데
가장 큰 장애가 되는지라
공성(텅 비어 있음)을 깨달아
그 집착을 내려놓아야 한다네.

지계 1

계를 지킨다는 것은
때로
필요 없을 수도 있겠지만

계가
이 사회를 사회답게
지탱시키는 규율과 도덕이라면
그 계를 지켜야 한다.
모든 이들의 안전과 평화를 위해서.

지계 2

사회에 사는 이는
사회 공동의 법을 지키는 것이 계이고

염불하는 이는

염불함을 지키는 것이 계이고

간경하는 이는

경전 독송함을 지키는 것이 계이고

보살의 행을 하는 이는

보살의 행을 지키는 것이 계이고

알아차림 명상을 하는 이는

알아차림을 지켜나가는 것이 계이고

화두 드는 이는

화두가 끊어지지 않도록 지키는 것이

정말로

꼭

필요한 계이어라.

인욕 1

남에게
무시를 당했다면
그것을
고맙게 생각하시게.

남에게
소위
뒤통수를 얻어맞았다 해도
그것을
정녕
감사하게 받아들이게.

그럴수록
그대의 인간 성숙도는
상대보다도
더 높아져갈 테니까.

인욕 2

다른 이를
욕할 일이 있어도
한 번 더 생각을 해보시게.

아마도
상대방이
무슨 피치 못할 사정이
있을 수도 있을 테니까.

이렇게
상대방을 이해하는 습관을 기르다보면
일부러
인욕하지 아니하여도

저절로
인욕하게 되고

자신에게

점점 마음의 여유가 생겨난다네.

인욕 3 (남을 칭찬하기)

남을 괴롭히면서

묘한 쾌감을 느끼는 사람도 있다.

남을 괴롭히지는 않지만

남이 잘못 되었다는 소리를 듣고

의식적으로는

"거 참 안 되었구먼…." 이란 말을 하지만

자신도 모르게

무의식속에서 '거 참 쌤통이네….'라는

생각이 올라오는 사람도 있다.

평상시에

누가 되었든지 간에

나에게 이로움을 주든

안주든 간에

상대방이 무슨 일을 당하면

진정으로 그를 위해

'그가 어쩔 수 없어 그런 일을 당해서

지금은 많이 힘들겠지만

그는 반드시 그 어려움을 훌훌 털어버리고

다시 잘 일어날 거야.'

이렇게 힘을 주고 찬탄을 해주어야만 한다.

이렇듯이

남을 자꾸 칭찬해주다 보면

자신이 무의식 속에 갖고 있었던 부정적인

남을 깎아 내리거나 비난하는 습성이

서서히 힘을 잃어버려 사라지게 되고,

자기도 밝은 얼굴이 될 뿐 아니라

상대방에게도 그 흐름이 전달되어

상대방도 안온한 삶을 찾을 수가 있다.

인욕 4

남한테
해로운 일을 당하여
억울하다면
그것에 대한
앙갚음의 복수를 하는 것이
세상사는 대부분의 사람들의
영리함이요,

억울하면 화가 치밀어 올라오는데
그 화를 다스리는 지혜나 명상을 하여
마음의 평화를 얻는 것이
현명한 보통 사람의 선택이오.
원한에 대한 복수는

또 다른 복수를 불러오는

윤회가 계속되므로

원한의 마음이 실체가 없음을 요달하여

그를 연민히 여겨 잘 살도록

애써주는 것이

현자賢者의 인욕행이라네.

발원

지금의 나란 존재에 만족하지 않고

진정한 나의 존재를 알려면

세상이 두 쪽이 난다 할지라도

포기하면 안 된다네.

이미

깨달은 분들도

이전에는 나와 똑같은

중생이었다.

그런데

왜 나는 깨달을 수가 없는가?

나도

반드시

생사가 없는 열반을

깨달아 증득하여

언젠가는

그렇지 못한 중생들을 제도하리라 라는

발원을 세워야 한다네.

회향

자기가 추진하고 있는 모든 일의

마무리를 원만히 잘 하는 것도

회향이라 하지만

현자의 삶을 사는 이는

자기가 하고 있는 일들의 모든 공덕이

뭇 생명들에게 골고루 잘 돌아갈도록

힘쓰는 것이 진정한 회향이고

이 회향을 해야 하는 이유는

완벽한 공성에 들어가기 위함이라네.

정진

남을 헐뜯는 데는 바쁘고

칭찬하는 데는 소홀하다면

남을 믿지 못하게 만드는 데는 바쁘고

믿게끔 하는 데는 소홀하다면

남의 단점을 들추어내는 데는 바쁘고

장점을 말해주는 데는 소홀하다면

남을 이간질하는 데는 바쁘고
화합시키는 데는 소홀하다면

남의 일을 훼방 놓는 데는 바쁘고
일을 도와주는 데는 소홀하다면

그가 스스로 정진을 잘 한다고 하더라도
사실은 자신도 모르게 악업만 쌓을 뿐
올바른 정진을 잘하고 있다고
볼 수가 없는 것이다.

선정禪定

현자는
세상을 더 넓고 깊이 보기 위해
늘
선정禪定을 닦아야 한다네.

방법은 여러 가지가 있으니

자기에 맞는 것을 골라 하면 되지만

가장 기본이 되는 것이

호흡에 집중하는 것이다.

자연스런 호흡에 계속 집중하다 보면

호흡의 상(像)인 '니미따'가 뜨게 되고

'니미따'가 지극히 명료하게 되면

깊고도 고요한 마음의 평정을 얻을 수 있다.

또 다른 방법은,

호흡은 자연스럽게 하면서

떠오르는 모든 생각, 잡념, 망상, 알음알이 등을 무시하고

놓아버리다 보면

(원래 망상이란 뿌리가 없는 것이기 때문에 그 망상번뇌들을 무시하

고 바라보기만 하고 있으면 시간이 지나면서 스스로들 다 사라져 버

린다.)

어느 날 자신의 마음이 텅 비어 있음[호]을 보게 되어

지극히 고요하고 평온한 마음 상태를 유지할 수 있게 된다.

지혜 1

멀고 가까움은

핑계일 뿐

진정한 법法에는

멀고 가까움이 없고

내가 너라면

네가 나라면

평화는

그리 멀리 있는 것이 아니고

하늘 가까이 갈수록

땅은 더욱 더 멀어지고

땅 가까이 갈수록

하늘은 보이지 않는 법

하늘과 땅이

같이 있을수록

구도가 잘 잡힌

아름다운 세계가 됨을

현자는 기억할 진리.

지혜 2

무엇이 이타적인 바른 자비심인지

무엇이 이타적인 바른 보시인지

무엇이 이타적인 바른 하심下心인지

무엇이 이타적인 바른 내려놓기인지

무엇이 이타적인 바른 지계인지

무엇이 이타적인 바른 인욕인지

무엇이 이타적인 바른 정진인지

무엇이 이타적인 바른 선정禪定인지

무엇이 이타적인 바른 회향인지를

잘 알고 행하는 이는 비로소 바른 지혜를

가진 현자라 할 수 있음인저.

넷. 생사해탈을 위한 수행

앞의 명상들은 건전한 삶을 영위하기 위한 목적이 있다면 이제부터는 생^生과 사^死를 벗어나 영원한 자유를 얻기 위한 참선수행을 권합니다.

앞의 명상들도 그렇고 여기에 거론하고자 점차적인 방법과 돈오적인 방법들을 모두 섭렵하고 직접 경험한 것들을 가지고 다루고자 하니 부족하지만 관심 있는 분들의 수행에 다소나마 도움이 되었으면 합니다.

1) 점차적인 방법의 수행

　① 남방불교의 사마타와 위빠사나 수행법

　② 대승불교의 지관^{止觀} 수행법

　③ 티벳불교의 마하무드라 수행과 족첸 수행법

이런 방법들이 있으나, 이들 수행법들은 아주 좋은 방법들이긴 하지만 너무 정교, 정밀하고 어떤 것은 너무 복잡한 데다 거쳐야 할 단계도 많아 바쁜 현대인들이 이것들을 속속들이 꼼꼼하게 다 섭렵하기란 까다롭기가 이만저만한 것이 아니다.

불교란 모든 사람들이 다 같이 깨달음을 얻어 자유롭고 행복한 삶을 살기를 바라기 때문에 너무 복잡하고 단계가 많으면 일일이 다 하기가 어려운 단점이 있어, 부분 부분 떼어내서 앞의 일반적인 명상수행 부문에 활용해서 유용하게 쓰이도록 했다.

여기서는 누구나 쉽게 할 수 있는 간단하면서도 최상승이라고 하는 한국불교의 간화선 수행

을 돈오의 수행법(속히 깨달을 수 있는 수행법)으로 소개하겠다.

2) 돈오의 수행법

(1) 간화선

간화선(화두선)은 불교 역사에서 가장 마지막에 나온 수행법이다. 앞의 수행법들이 대부

분 다 먼저 선정禪定을 닦고 그 선정을 바탕으로 해서 지혜를 닦아 깨달음을 얻어 최종 목

적지인 열반에 드는 시스템인데, 간화선(화두선)만은 선정禪定과 지혜를 함께 닦아 단계를

거치지 않고 바로 그 자리에서 깨닫는 방법이다.

화두(공안)가 대략 1700개나 된다지만 (깨달은 이가 수행자를 제접함에는 1700 화두 밖

의 것을 화두로 제시할 수도 있다.) 선지식을 찾아가서 문답 끝에 바로 깨달을 수 있으면

그는 아주 고준한 근기의 수행자이겠지만 그렇지 않다면 누구나 선지식이 내려주는 화두

를 생명처럼 여겨 선정에 드는 것이 선가의 전통이다.

혹 여의치 못하다면 삼세제불이 다 들었다는 '이 뭣꼬?' 화두를 들면 된다.

믿음 1

그대는
믿지 말아야 할 것은
믿고
믿어야 할 것은
믿지 않는다.

믿음 2

그대는
어제 살았기 때문에
오늘도 살고
오늘 살았기 때문에
내일도 산다는 것을
철석같이 믿는다.
그것을 믿기 때문에

세상을 산다네.

아무런 불안도 없이

믿음 3

어제 살았다고

정말로

오늘도 살 수 있을까?

오늘 살았다고

정말로

내일도 살 수 있을까?

사실은

살 수 있다는

아무런 보장도 없는데

당연히

살 수 있다고 믿는다.

이것이

믿지 말아야 할 것이어라.

믿음 4

그대 자신은
원래
이 세상에
태어나고 죽어간 적이
전혀 없는데
이 세상에
그대란 존재가
태어났다가 죽어간다고
철석같이 믿는다네.
이것이
믿어야 할 것을 믿지 않고
믿지 말아야 할 것을
믿는 것이라네.

화두 1

화두란

자신의 본성(佛性, 空性)을

바로 보여주는 것인 만큼

자기가 선택한 화두가

무엇이든지 간에

그 화두에 의심이 가면

이것저것 생각하지 말고

깨칠 때까지 밀어가시게.

선지식을 만나

말 한 마디에

바로 깨치는 상상근기의 분들에게는

화두는 군더더기에 불과하지만

그렇지 못한 일반 수행자는

화두를 통하여 자기의 본성을 철견하여야 한다네.

화두 2

화두를 들어야 하는 이유

'마음이 곧 부처이다.'

이 얼마나 가슴이 뻥 뚫리는 시원한 소리인가!

자기 마음을 모르는 사람이 누가 있나!

자기 마음은 자기가 다 가지고 있으니

누구나 다 부처이다.

깨달음이 이렇게 쉽다니.

낯 씻다가 코 만지는 격이지 않은가!

그런데

마음이 얼마나 넓은지 그 끝을 알 수가 없는데

어찌 자기 마음을 다 알았다고

'자기가 부처이다.'라고 큰소리치는가!

최상상근기의 극소수 훌륭한 분을 제외하고는

대다수가 이런 아주 작은 깨달음에 만족하여

깨달음이란 것이 별 것 아니라고 생각하는 분들이

많은 것 같다.

물론 그것도 깨달음이긴 하지만

그런 깨달음을 가지고는 생사해탈을 할 수가 없다.

마음의 전모를 알아야

마음이 생사를 일으킨다는 것을 알게 되어

생사의 굴레를 벗어날 수가 있게 되는데,

마음의 진짜 모습을 화두가 가리키고 있기 때문에

그 화두를 타파해야만

탐진치 삼독을 비롯한

팔만사천 번뇌의 미세한 망상 뿌리까지도 다 없는

마지막 구경의 깨달음을 성취할 수 있는 것이므로

화두를 들어야 하는 것이다.

3) 나옹선사의 공부 점검법 『공부십절목ㅗㅊ+節目』

고려 말 나옹혜근(1320~1376)선사의 수행자에게 주는 공부 10가지 점검법을 소개한다.

간화선을 깊이 있게 하려는 분들에게는 좋은 나침반이 될 것이다.

① 세상 사람들은 모양을 보면 그 모양에서 벗어나지 못하고, 소리를 들으면 그 소리에서 벗

어나지 못한다. 어떻게 하면 모양과 소리를 벗어날 수 있는가

② 이미 소리와 모양에서 벗어났으면 반드시 공부를 시작하여야 한다. 어떻게 그 바른 공부를 시작할 것인가?

③ 이미 공부를 시작했으면 그 공부를 익혀야 한다. 공부가 익은 때는 어떤가?

④ 공부가 익었으면 나아가 자취를 없애야 한다. 자취를 없앤 때는 어떤가?

⑤ 자취가 없어지면 담담하고 냉랭하여 아무 맛도 없고, 기력도 전혀 없다. 의식이 닿지 않고 마음이 활동하지 않으며, 또 그때는 허깨비 몸이 인간 세상에 있는 줄 모른다. 이쯤 되면 그것은 어떤 경계인가?

⑥ 공부가 지극해지면 움직이고 고요함에 틈이 없고 자나 깨나 한결 같아 부딪혀도 흩어지지 않고 없어져도 잃지 않는다. 마치 개가 기름이 끓는 솥을 보고 핥으려 해도 핥을 수 없고, 포기하려 해도 포기할 수 없는 것과 같나니, 그때는 어떻게 해야 합당한가?

⑦ 갑자기 백이십 근 되는 짐을 내려놓는 것 같아 단박 꺾이고 단박 끊긴다. 그때는 어떤 것이 그대의 자성自性인가?

⑧ 이미 자성自性을 깨쳤으면 자성의 본래 작용은 인연에 따라 맞게 쓰인다는 것을 알아야 한다. 무엇이 본래의 작용에 맞게 쓰이는 것인가?

⑨ 이미 자성(마음의 성품)의 작용을 알았으면 생사를 벗어나야 하는데, 안광(눈의 빛)이 땅에 떨어질 때(죽을 때) 어떻게 벗어날 것인가?

⑩ 이미 생사를 벗어났으면 가는 곳을 알아야 한다. 사대는 각각 흩어지니 어디를 향해 가는가?

이처럼 나옹선사는

후학들이 작은 깨달음에

연연해하지 말고 생사를 확실히 벗어날 수 있는

큰 깨달음을 얻기를 바라고 있음을 잊어서는 안 된다.

화두 3

남이 이 화두를 든다고

자기도 그 화두를 들어야겠다고

하지 마시게.

화두는

그것이 뭔가 하는

의심이 생길 때

진화두가 되는 것이다.

이것도 저것도 의심이

잘 되지 않는다면

제일로

표준이 되는

'이 뭣꼬?' 화두를 들게나.

이 뭣꼬의 '이'가 '이것'이란 말이고,

'이것'이란 바로 '자신의 본성'(佛性, 空性)을

바로 가리키는 말이니,

'이 뭣꼬?'란 '자신의 본성이 뭔가?' 란 의심, 그 자체라네.

'이 뭣꼬?'의 '이'는 공성(佛性, 法性)을 바로 가리킨다.

4) '이 뭣꼬?'의 '이'는 공성(佛性, 法性)을 바로 가리킨다.

5) 일각에서는 공성을 '법신'으로만 자리 매김하려고 하는데, 공성이란 그저 이
   름뿐이라네.

   어떤 이에게는 무상, 무아요,

   어떤 이에게는 부처의 성품(佛性)이요,

   어떤 이에게는 법성法性이요,

   어떤 이에게는 최상승의 깨달음이요,

어떤 이에게는 중도中道요,

어떤 이에게는 12연기緣起요,

어떤 이에게는 사사무애법계事事無碍法界요,

어떤 이에게는 불이법不二法이이요,

어떤 이에게는 오직 유식唯識뿐이요,

어떤 이에게는 여래장如來藏이요,

어떤 이에게는 진여眞如요,

어떤 이에게는 일심一心이요,

어떤 이에게는 일체 유심조一切唯心造요,

어떤 이에게는 일불승一佛乘이요,

어떤 이에게는 살활자재殺活自在요,

어떤 이에게는 화엄법계연기華嚴法界緣起요,

어떤 이에게는 일원상一圓相이요,

어떤 이에게는 침묵이요,

어떤 이에게는 향상向上도 아니고 향하向下도 아니요,

어떤 이에게는 그 어떤 것도 아니라 하니

다만 '공성'이란 이름이 거추장스러울 뿐이라네.

이뭣꼬? 화두

나를 끌고 다니는 이놈은 누군가?

이놈이란 이 마음 아닌가?

그런데

이 마음은 눈으로 보려고 해도 형상이 없어 볼 수 없고,

이 마음은 귀로 들으려고 해도 소리가 없어 들을 수 없고,

이 마음은 코로 맡으려 해도 냄새가 없어 맡을 수 없고,

이 마음은 혀로 맛보려 해도 맛이 없어 맛볼 수 없고,

이 마음은 몸으로 만지거나 부딪혀 보아

느끼려 해도 느낄 수가 없고

이 마음은 본래 생각이 있는 걸까?

기절하거나 깊은 잠에 빠지면 생각도 없다.

마음의 대상은 법法인데 그 대상인 법으로 마음을 삼으려해도

잡을수가 없으니 도대체 이 마음이란 무엇인가?

'이것이 뭣꼬?' 의심하고 의심하라.

잡념이 떠오르면

다시 얼른 이 잡념을 일으키는 '이놈이 뭣꼬?' 의심하라.

지금 여기에서 의심하고 또 의심하라.

화두 4

의심을 작게 하면
작은 깨달음이 오고
의심을 크게 하면
큰 깨달음이 온다네.

화두 5

화두는
눈사람 만들 때
눈을 굴리듯이
꾸준히 밀어가면
눈덩이 뭉치 같은

의단이 형성되고

그 의단을

꾸준히 밀어가다 보면

곧 깨칠 날이

다가오리라!

화두와 不二法

깨달은 이의 시각에서는

본성과 화두가 둘이 아님을 본다.

그러나

초심자는

본성 따로

화두 따로가 대부분이다.

그대가 무슨 생각을 내든

그대로 본성과 생각이 하나인데도

그대는

그냥 생각만 낸다.

不二法을 전혀 모른다.

아!

몰라도 모르는 대로

화두를 들게나

몰라도 不二法이니까!

화두 6

화두가 잘 안 들린다는 것은

그대가

[지금 여기]를 벗어났기 때문이지.

'지금 여기'로 돌아오면

조금 전의

자신이 딴 데서 놀고 있었음을 알게 될 걸세.

항상

지금 여기에서

화두를 드시게나!

지금 여기란

그대가 어느 곳에 있든지

항상

거기가 '지금 여기'이네.

지금 여기란 화두 그 자체이라네.

지금 여기란 그대 자체라네.

화두 7

나와 우주법계

모두가

화두와 한 덩어리가 되게 하게나.

이것은 화두고

저것은 화두가 아니라 하면

화두 든다는 폼을

잡을 수는 있겠지만

큰 깨달음을

성취할 수는 없다네.

화두 8

화두 덩어리

하나로 가다보면

간혹

불덩이 같이 뭉쳐질 때가 있는데

이때는

욕심 부리지 말고

몸을 편안히 이완시켜

불덩이가 온 몸으로

퍼지도록 내버려 두시게.

그 불덩이는

마음의 집중이 깊어짐에 따라

자연적으로

자신의 에너지가 뭉쳐진 것 뿐이니

괘념치 말고

온 몸에다 퍼지게 하라.

안 그러면

큰 마장이 생길 수도 있다네.

화두 9

화두가

나와 온 우주법계 끝까지

꽉 찬다 하더라도

공성을 깨닫지 못하면(공과 공성은 다르다)

말짱 헛일이니

안심하지 말게나.

화두 10

화두가 一如하게 되면

삼매에 들 수도 있다네.

그러나

삼매에 든다고

좋아하는 마음을 일으키지 마시게.

그 틈을

마구니가 노려

마장의 세계로 빠질 수도

있어서라네.

화두와 중도

화두를 들 때

너무 급하게 들지 마시게.

너무 급하면

상기병을 비롯한

마장이 찾아오고

너무 느리게도 들지 마시게.

너무 느리면

생각만 도를 닦고 있고

도대체가

앞으로 나아가지를

못한다네.

너무 급한 데도 머물지 않고

너무 느린 것에도 머물지 않는 것이

바로 중도이니

화두는 중도라야 하네.

화두 11

자나 깨나

오로지

한 생각으로

화두를 들다 보면

화두가

빨랫줄처럼

끊어짐이 없이

계속 이어지다

어느 순간

폭죽이 터지듯이

한 소식 앎이

있게 되더라도

방심하지 말고

곧바로

선지식을 찾아

법거량을 해보아야 한다네.

자신의 깨달음이

정말로 큰 깨달음인지를

점검 받아야 하기 때문이라네.

화두 12

도 닦는 이가
할 일이 뭔가?
꼭 폼 잡고 앉아 있어야만 도 닦는 건가?

가고 오고 밥 먹고 똥 싸는 일상사가
모두 도 닦는 이의 할 일이거늘.
그 속에서 화두가 들리지 않으면
도 닦는 것 따로,
일상사 따로가 되어
위없는 깨달음을 얻기에는
아무런 힘이 없다네.

수행

수행 중에 문제가 생기면

회피하려고 하지 마시고

즉시 해결하게나.

시끄러움이 닥쳐오면

시끄러움 속에서

고요해지면

고요함 속에서

곧바로

자기 본성을 찾는

화두를 들게나!

화두 13

도 닦으면서

남과 자신을

비교하려고 하지 마시게.

남이야

용맹정진을 하건

놀건

무엇을 하던

그것은

그분들의 일상사고

나의 본분사는

나의 본성을

찾는 것이 아닌가? 말일세.

삼매 1

가고 오고

앉고 서고

말하고 묵언하고

움직이고 고요히 있고를 막론하고

아무 때

아무 시나

꾸준히

화두를 들다 보면

자연히

삼매에 들기도 한다네.

그것을 일행삼매一行三昧라 한다네.

삼매 2

삼매가 깊어지다 보면

많은 삼매를 경험할 수도 있다네. (삼매는 매우 많은 종류가 있다.)

동정일여삼매.

움직이거나 고요하거나에 상관없이

계속해서 화두가 이어질 때이지.

몽중일여삼매.

동정일여가 잘 되면

자연적으로 꿈속에서도 화두를 들게 되지.

오매일여.

잠자거나 깨어 있거나 상관없이

계속해서 화두가 이어지게 되는데

오매일여가 되면

이제는 깨달을 날이 얼마 남지 않았다네!

삼매 3

아주 깊은 삼매에 들다 보면

삼매 속에서

물체의 실상을 볼 수가 있다네.

육안으로 볼 때는 단단한 바위가

전혀 움직이지 않는 것 같이 보이지만

삼매 속에서는

그 바위가 완전히 분해되어

소립자들이 빛의 형태로

서로 붙었다 떨어졌다

잠시도 가만 있지 않음을

볼 수도 있다네.

물체란 것이 고정되어 질량이 있으면서도

실상은 질량이 없는 빛의 형태로

계속해서 움직이는

무상의 모습인 것이라네.

삼매 4

화광삼매火光三昧

이것은 꼭 경험 안 해도 되지만

경험할 수도 있으니

참고 하시게나!

삼매 속에서

처음 불 속에 들어갈 때는

무척 뜨겁다네.

일단 삼매 속으로 들어가면

무덤덤하게 되다가
삼매 속에서 나오면
몸과 마음이 정화되어
그렇게 청량할 수가 없다네.

공성 1

공성을 보아
너무 기뻐서
춤이 덩실덩실
그러나
공성을 체득했다고 하는 순간
이미
그것은 진정한 공성이 아니고
공성이란 환상에
젖을 수도 있음을
극도로 경계해야 할 것인저.

어떤 분들은

공성空性을 '살활자재殺活自在'의 '殺'에 해당한다고 한다.

천만의 말씀이다.

살殺에도 머물지 않고,

활活에도 머물지 않음이

바로 공성空性이요, 중도中道요, 연기緣起이다.

이를 바로 보면 크게 깨쳤다고 하는 것이다.

공성 2

자신이 공성을 체득했다고 해서

그것이 그대 것도 아니고

안 했다고 해서

그대 것이 아닌 것도 아닐세.

우주법계가

그대로 다

공성이기 때문이지.

그러다 보니

때때로

이론적으로

공성을 끝낸 분들이

더러 나오기도 한다네.

그러나

이론과 실제는

엄청나게 다른 것.

체득하지 아니하면

아무런 힘이 없음을 알아야 한다네.

공성 3

공성을 터득했다 하더라도

먼저

'그 공성에 묶여져 있는지는 않은가?'

꼭 점검해 보아야 한다네.

공성이란 '중도'이기 때문에

어디에 묶여있지를 않기 때문이라네.

공성을 체득한 후로는

매일 매일

자신이

공성의 삶을 살고 있는지를 살펴보면서

그렇지 못하다면

30년을 더 수행하여야 한다네.

공성 4

공성이란

공성이 아닌 것이 없다네.

이것이 공성이고

저것도 공성이다.

이것도 아니고 저것도 아니라 하여도

다 공성이라네.

그대가 무엇을 하더라도

그 모든 것이 다 공성에 의해

이루어지고 사그라지는 것인데

그대는 그것을

믿을 수가 없다네.

수없는 세월 동안

그대는

그대와 그대 앞의 모든 것들이

다 존재한다고 굳게 믿어 왔기에

그것들이 다 존재하는 것이 아니라 하면

도대체가 믿을 수가 없는 것이라네.

열반

공성에 듦이
열반에 듦이로다.

열반에 든 후
무엇을 할꼬?
배고파 밥을 먹은 다음에
무엇을 할 것인지를
자신에게 물어 보게나!

악!

깨달음

깨달음이란
자신의 삶에서

몰랐던 필요한 것을

어느 시기에

갑자기 알아지는

마음의 상태를 말하는 것이니 만큼

깨달음이라 말할 수 있는

종류는 엄청나게 많다네.

작은 것과 큰 것,

미미한 것과 가슴이 미어질 듯한 것,

보람이 있는 것과 없는 것,

없어도 될 것과 꼭 있어야 할 것 등등

어느 것이든 깨달음을 얻고 나면

그 사람의 삶의 질이 크든 작든

이전과 많이 달라질 수 있다네.

그 중에서도

가장 큰 깨달음이라는 것은

생사가 있는 줄 알았는데

생사가 없는 것을 확실히 깨달았을 때

그것을

최상의 깨달음이라 하는 것이라네.

성격

공성을 보게 되면

실제 일상생활에서 왕년의 자신과는 다르게

탐진치 삼독이 확 줄어들게 되고

성격도 바뀌어진다네.

비관적, 부정적 성격의 소유자가

어느 날

공성을 터득하게 되면

자연히

낙천적, 미학적인 성격의 소유자로

변신이 될 수 있다네.

중도

여기서 저기를 보면
저기에 뭐가 있는 것 같고
저기서 여기를 보면
여기에 무엇이 있는 것 같다네.

중생도 중생이기에
부처를 동경하고
부처는
중생이 중생이다 하니
중생을 애민히 여겨
중생을 제도할 뿐이라네.

그래서
수행자는
여기에도 머물지 않고
저기에도 머물지 않는 것이라네.

보림保任

이미
공성空性을 터득하였거든
공성에 머무르되,
머묾에 머무르지 않는
무주법無住法을
사용하시게.

마치
신선이 허공에 구름을 타고 가듯이
공성의 구름을 타고
유유자적悠悠自適
평상平常의 마음을 쓰시게.

(2) 새로운 화두

기해년(돼지해)에서 경자년(쥐해)으로 넘어가는 제야의 밤을 보내며 이 화두를 던져 보았다.

▷ 화두 1

'세월은 누구를 맞이하는가?'

돼지와 쥐도 세월을 맞이하는데
정작 세월은 누구를 맞이하는고?

※ 몇 년 전인가? 장소가 동국대인지는 모르겠는데,

미국에서 한국 선불교를 연구하기 위해 한국에 온 한 미국인 교수가 불교 세미나에서 1700 공안 화두에만 머물러 있는 한국의 간화선은 정체기에 접어들었다고 보여진다면서 한국 간화선이 발전하려면 새로운 화두공안이 틈틈이 창출되어 풍성한 간화선의 분위기를 만들어 주어야 한다고 피력한 적이 있다. 그 제안이 상당히 공감이 가서 1700 공안에 없는 새로운 화두 몇 개를 던져본다.

▷ 화두 2

산은 물을 의지하고
물은 산을 의지하는데
나는
무엇을 의지해야 하는가?

▷ 화두 3

문 : 중생과 부처의 거리는 얼마인가?
답 : 일곱 걸음이다.

※ 전정각산에서 깨달음을 얻으신 보드가야 까지 고타마 싯다르타께서 일곱 걸음에 건너갔
기 때문이다.

그러면
　문 : 부처와 중생의 거리는?
　답 : ?

▷ 화두 4

주장자에 대하여

그 주장자를
어깨에 메지도 마시고
땅에 놓지도 마시고
허공에 걸어봐 주세요!

▷ 화두 5

사물 자체가 動靜一如임을 아는가?

※ 단단한 바위는 전혀 움직이지 않고 있지만 깊은 삼매 속에 들어가서 보면 무수한 소립자들이 빛의 형태로 붙었다 떨어졌다 잠시도 가만히 있지 않다네. 즉, 단단한 바위는 움직이지 않으면서도 끊임없이 움직이는 묘한 존재이라네.

(3) 서천칠현西天七賢 화두공안 점검

서천(인도)에 7명의 현숙한 여인네가 시체를 버리는 숲에서 함께 놀다가 시신 1구를 보았다.

그 가운데 한 여인이 시신을 가리키면서 동생들에게 말했다.

"시신은 여기에 있으나 사람은 어디에 갔는가?"

그 중에 한 여인이 말했다.

"어찌 됐을까? 어찌 됐을까?"

여러 현녀들이 자세히 관찰하여 각각 깨달았다.

감동한 제석천신이 꽃을 흩어 공양을 올리면서 말하였다.

"오직 원하노니 여러 현녀들이여, 필요한 것이 무엇인가? 내가 마땅히 종신토록 공양하리라."

현녀가 말하였다.

"우리 집에는 네 가지로 섬기는 의복, 음식, 와구, 의약품과 일곱 가지의 보물들을 모두 갖추고 있습니다. 그래서 오직 세 가지 물건이 필요합니다. 첫째는 뿌리가 없는 나무 한 그루가 필요하고, 둘째는 음과 양이 없는 땅 한 조각이 필요하고, 셋째는 불러도 메아리가 없는 산골짜기 한 곳이 필요합니다."

제석천신이 말하였다.

"일체 필요한 것을 내가 다 가지고 있으나 이와 같은 세 가지 물건은 나에게 실로 없습니다."

이에 제석천신이 현녀들과 함께 부처님께 가서 이 사실을 알리니, 부처님께서 말씀하시기를,

"제석이여, 나의 제자들 중에 큰 아라한들도 이 이치를 알 수 없고, 오직 큰 보살이라야 이 이치를 아느니라." 라고 하셨다.

이 화두공안에 대해 고준한 분들의 점검이 매우 많고 많지만, 너무 분분함으로 세 분만 들어보겠다.

① 첫째 물음인 뿌리 없는 나무 한 그루는?

　　장로이선사 : 그것은 시다림(시체를 버리는 숲)이다.

　　경봉선사 : 사람의 몸에는 모발毛髮이 초목草木이니 그것은 사람의 털(모발)이다.

　　진제법원선사 : 주장자를 들어 보이시고는 "이 주장자는 원래로 뿌리가 없음이라."

② 둘째 물음인 음양이 없는 땅 한 조각이란?

　　장로이선사 : 봄이 옴에 풀이 스스로 푸르다.

　　경봉선사 : 사람의 머리는 하늘이요, 발은 땅이니 그것은 칠현녀의 발을 가리킨 것이며 봄

　　　　　　　바람을 입지 않아도 빛이 스스로 곱다.

　　진제법원선사 : 사해오호^{四海五湖}니라.

③ 어떤 것이 소리를 질러도 메아리가 울리지 않는 골짜기인가? 한 물음에,

　　장로이선사 : 돌머리가 큰 것은 크고, 작은 것은 작다.

　　경봉선사 : 사람의 몸에 있는 치아는 도산검수^{刀山劍樹}처럼 벌려져 있어 모든 식물이 입에만

　　　　　　　들어가면 다 티끌이 되고 말기 때문에 치아가 곧 도산검수가 된다. 그러므로 그

　　　　　　　것은 칠현녀의 입을 가리킨 것으로서 도산검수가 다 고르지 않다 하면 될 것인

　　　　　　　데, 무엇 때문에 가까운 것을 버리고 먼 것을 취했는가?

　　진제법원선사 : 장수산^{長樹山} 기슭의 해운정사 도량이니라.

이렇듯 워낙 법^{法}이 높으신 분들의 점검이라 다 훌륭하지만 벽봉도인은 이렇게 다시 점검해
본다.

첫째 : 어떤 것이 뿌리 없는 나무인가? 라고 묻는다면,

답 : 꿈속의 나무요.

둘째 : 어떤 것이 음양이 없는 한 뙈기 땅인가? 라고 묻는다면,

답 : 꿈속의 한 뙈기 땅이요.

셋째 : 어떤 것이 소리를 질러도 메아리가 울리지 않는 골짜기인가? 라고 묻는다면,

답 : 꿈속의 한 골짜기이다.

눈 푸른 납자는 이 점검의 소식을 제대로 간파할 것이다.

닫는 글

꿈

누가
인생을
봄날의 긴 꿈이라 했던가?
나에게는
인생의 시작점에서
인생인 꿈을 바라다 볼 때
어찌 그리도 먼지,
끝을 알 수 없었고
인생의 마지막에서
뒤돌아 본 인생인 꿈은
어찌도 그리 짧았던지
살짝이
아쉬움이 든다네.
그러나
인생이 꿈인 것을 깨달았기에
아무런 부담도 없다네.

그대는 늘 새롭으이

초판 1쇄 인쇄 2020년 8월 20일
초판 1쇄 발행 2020년 8월 25일

—

글 벽봉
삽화 백화
펴낸이 김윤희
펴낸곳 맑은소리맑은나라
디자인 방혜영

—

출판등록 2000년 7월 10일 제 02-01-295 호
주소 부산광역시 중구 중앙대로 22번길 동광빌딩 201호
전화 051-255-0263 **팩스** 051-255-0953
이메일 puremind-ms@hanmail.net

값 20,000원
ISBN 978-89-94782-77-5 03220